高 等 学 校 规 划 教 材

化学化工类
课程思政精选案例

方正军　易　兵　主编
易年年　黄子俊　副主编

化学工业出版社

·北京·

内 容 简 介

《化学化工类课程思政精选案例》是为适应新时期的教学要求,以目标导向,思政引领,德智相融,润物无声为基本理念,充分挖掘课程中蕴含的正确的人生观、家国情怀、生态保护意识、社会责任和担当精神等课程思政元素,实现全员、全方位、全过程润物细无声的立体化育人的目的。

本书包括"人物故事""科学史话""化学创新"和"安全环保"四个模块共51个案例。这四个模块,体现了我们要传递的工匠精神、家国情怀、责任担当、专业精神、职业道德、安全意识、环保意识等,力求以潜移默化的方式达到知识、思想与能力共同提升的教学效果。

《化学化工类课程思政精选案例》可供化学化工类及相关专业的学生使用,也可以为承担化学化工类课程的教师实施案例教学提供参考和借鉴。

图书在版编目(CIP)数据

化学化工类课程思政精选案例/方正军,易兵主编. —北京:化学工业出版社,2021.9
高等学校规划教材
ISBN 978-7-122-39752-2

Ⅰ.①化… Ⅱ.①方… ②易… Ⅲ.①高等学校-思想政治教育-教案(教育)-中国 Ⅳ.①G641

中国版本图书馆CIP数据核字(2021)第170827号

责任编辑:刘俊之 宋林青　　　　　　文字编辑:刘俊之 汪 靓
责任校对:王佳伟　　　　　　　　　　装帧设计:韩 飞

出版发行:化学工业出版社(北京市东城区青年湖南街13号 邮政编码100011)
印　　装:三河市延风印装有限公司
710mm×1000mm 1/16 印张10¼ 字数140千字 2021年11月北京第1版第1次印刷

购书咨询:010-64518888　　　　　　　　售后服务:010-64518899
网　　址:http://www.cip.com.cn
凡购买本书,如有缺损质量问题,本社销售中心负责调换。

定　价:29.00元　　　　　　　　　　　　　　　版权所有　违者必究

《化学化工类课程思政精选案例》编写组

主　编　方正军　易　兵
副主编　易年年　黄子俊
参　编　沈　静　邬　峰　黄赛金

前言

新时代背景下大学生的思想政治教育已成为高等教育的重要任务，教师在传授专业知识和培养专业素养的同时，必须开展思想政治教育，把立德树人作为中心环节，把思想政治工作贯穿于教育教学全过程，构建三全育人格局。

基于此，湖南工程学院材料与化工学院组织并实施课程改革，以"课程思政"为指引，围绕思想政治教育与课程建设和课堂教学的有机融合问题，从科学设计课程目标、丰富课程内涵与教学内容、创新教学设计与教学方法、改进课堂管理与考核方式等方面开展理论研究与探索。《化学化工类课程思政精选案例》就是化学化工类相关专业开展"课程思政"建设积极探索的成果。

本书立足学校应用型人才培养特色和专业人才培养目标，以"目标导向，思政引领，德智相融，润物无声"为基本理念，充分挖掘课程中蕴含的正确的人生观、家国情怀、生态保护意识、社会责任和担当精神的思考等"课程思政"元素，科学设计，寓道于教，寓德于教，寓教于乐，力求融入的"思政元素"成为学生求学、做人、做事的动力源泉，从而实现全员、全方位、全过程润物细无声的立体化育人的目的。

本书包括"人物故事""科学史话""化学创新"和"安全环保"四个模块共51个案例。这四个模块，体现了我们要传递的工匠精神、家国情怀、责任担当、专业精神、职业道德、安全意识、环保意识等，力求以潜移默化的方式达到知识、思想与能力共同提升的教学效果。本书可供化学化工类相关专业的学生使用，也可以为承担化学化工类课程的教师实施案例教学提供参考和借鉴。

本书在编写过程中，参阅了大量文献，在此向有关的作者、单位表示衷心的感谢。限于编者水平，书中不足之处，敬请批评指正。

方正军　易　兵

2021年6月

目录

1 人物故事

1.1 中国"稀土之父"徐光宪 ………………………………… 3
1.2 钱逸泰院士的"稻草变黄金" …………………………… 5
1.3 蒋锡夔院士与氟橡胶 ……………………………………… 7
1.4 屠呦呦与青蒿素 …………………………………………… 10
1.5 无机化学家徐如人院士 …………………………………… 13
1.6 陈家镛院士与湿法冶金技术 ……………………………… 16
1.7 中国"龙芯之母"黄令仪 ………………………………… 20
1.8 门捷列夫与元素周期律 …………………………………… 23
1.9 鲍林与杂化轨道理论 ……………………………………… 27
1.10 油脂化学家张驷祥 ………………………………………… 30
1.11 范特霍夫的碳原子四面体构型 …………………………… 33
1.12 分析化学家高鸿院士 ……………………………………… 36
1.13 分析化学家周同惠院士 …………………………………… 39
1.14 阿伦尼乌斯与电离理论 …………………………………… 42
1.15 共产主义化学家肖莱马 …………………………………… 45
1.16 侯德榜与联合制碱法 ……………………………………… 48
1.17 环保事业的先行者蕾切尔·卡逊 ………………………… 52
1.18 黄鸣龙与黄鸣龙还原 ……………………………………… 55
1.19 居里夫人和钋元素 ………………………………………… 58
1.20 锂电池和古德纳夫 ………………………………………… 61
1.21 卢嘉锡院士与小数点的故事 ……………………………… 64

1.22	分析化学家汪尔康	67
1.23	我国第一位生物化学女院士——张树政	70
1.24	我国生物化学的奠基者吴宪	73
1.25	无机化学家戴安邦	76
1.26	以精确著称的化学家瑞利	79
1.27	化学家李寿恒	82
1.28	中国色谱分析先驱卢佩章院士	85
1.29	燃料化学家彭少逸院士	88

2 科学史话　　91

2.1	传统文化与元素化学	93
2.2	"夹心饼干"——二茂铁	97
2.3	稀有气体的发现	99
2.4	石墨烯的发展历程	103
2.5	酒石酸外消旋体拆分	106
2.6	世界上第一个人工合成的蛋白质——结晶牛胰岛素	109
2.7	青霉素的故事	111

3 化学创新　　113

3.1	北斗三号压轴卫星与化学推进剂	115
3.2	可再生能源——太阳能	119
3.3	缓冲溶液在药物研究中的应用	122
3.4	水电站与干电池	124
3.5	电极电势在金属腐蚀与防护中的应用	126
3.6	高效环保芳烃成套技术开发及应用	131
3.7	"以毒攻毒"的砒霜	134

4 安全环保

4.1 汽车尾气治理 …………………………………………139
4.2 奶制品污染事件与三聚氰胺 …………………………142
4.3 "毒鸡蛋"事件的罪魁祸首：氟虫腈 …………………144
4.4 臭氧层——地球生命的保护伞 ………………………146
4.5 反应停事件 ……………………………………………148
4.6 黎巴嫩大爆炸事件 ……………………………………150
4.7 烟雾的元凶——臭氧 …………………………………152
4.8 "碳中和"——温度？态度！ …………………………154

1 人物故事

1.1 中国"稀土之父"徐光宪

徐光宪（1920—2015），浙江绍兴上虞人，北京大学化学与分子工程学院教授，博士生导师，化学家，教育家，中国科学院院士，中国稀土化学的奠基人之一，国家最高科学技术奖获得者。

中国"稀土之父"徐光宪

"稀土会影响到一切——小到手机、照相机，大到精确制导导弹、火箭卫星，都离不开稀土！"现在中国稀土出口占美国稀土进口的78%，然而，在半个世纪之前，稀土生产技术却掌握在外国人手里，中国只能向国外廉价出口原料，然后再高价进口深加工的稀土产品。终于，在20世纪70年代，这样的格局被中国"稀土之父"徐光宪院士打破了！

徐光宪早年在美国留学，待遇优厚，然而他们夫妇依然冲破各种阻挡，回到祖国，全心全意投入科学研究。1972年，北大化学系接了一项十分紧急的军工任务，分离镨和钕两种元素，纯度要求很高。这项任务几乎改变了徐光宪的后半生，使他与"稀土"结下不解之缘。稀土，其实并不是土，是指钪、钇和镧系共17种彼此相似、很难分离的金属元素。由于稀土有着非常奇特的光、电、磁特性和催化作用，只要使用一点点就可以化腐朽为神奇。稀土是发展电子、航天等高新科技不可或缺的原材料，被人们称为"工业维生素"。

当时，徐光宪顶着各界的质疑，放弃国际通用的离子交换法，采用萃取法完成分离，但萃取技术国外不是没有人研究，而是始终没有突破。这是一项"前无古人"的尝试，徐光宪对自己有信心，为此，他付出了百倍的辛劳，经受了千般的磨砺：住实验室、啃干面包，在北京和出产稀土的包头矿山之间来回奔波。功夫不负有心人，整整三年之后，徐光宪和他的团队终于取得突破！1975年8月，第一次全国稀土会议在京召开。徐光宪在会上提出了自己的串级萃取理论，他的理论引起了轰动，也受到很多质疑。

1978年，徐光宪开办了"全国串级萃取讲习班"，将这一技术免费向全国推广。发达国家在国际稀土市场的垄断地位很快被打破，由于中国高纯度稀土大量出口，国际稀土价格下降了30%~40%，一些长期霸占世界市场的稀土"垄断国"不得不减产、转产甚至停产，世界稀土市场上刮起了一股强劲的中国风。

立足基础研究、着眼国家目标，不跟着外国人跑，走自己的创新之路！徐光宪没有满足，经过艰苦探索，他带领团队又有了新的突破，传统试验被计算机模拟代替，使稀土生产实现自动化。

"不跟外国人跑，走自己的创新之路！"几十年前，徐老顶住质疑、顶住压力坚定决心走科技创新之路，他的话，至今仍掷地有声、振聋发聩！

参考资料

[1] 徐光宪等. 萃取化学原理. 上海：上海科学技术出版社，1984.
[2] 国家最高科技奖-徐光宪. http://www.cas.cn/ky/kjjl/gjzgkxjsj/2008n/xgx.

1.2 钱逸泰院士的"稻草变黄金"

钻石就是我们常说的金刚石,它是一种由碳元素组成的矿物,具有超硬、耐磨和极高的折射率等优异的物理性能。金刚石是自然界中最坚硬的物质,素有"硬度之王"和"宝石之王"的美称,具有许多重要的工业用途,如精细研磨材料、高硬切割工具、各类钻头、拉丝模等。还被作为很多精密仪器的部件。

金刚石卓越的物理化学性质及其作为钻石的光彩形象吸引了众多的科学家投入金刚石的研究中。1772 年,法国科学家拉瓦锡燃烧金刚石发现产物中仅有二氧化碳,1796 年,英国科学家 S. Tennant 通过精确燃烧实验首次进行了定量分析,证明了金刚石和石墨都是碳的同素异形体,从此人们总想实现"点碳成金刚石"的梦想,金刚石合成成为了研究热点。

中国科学技术大学钱逸泰小组在高压釜中用中温(700℃)催化热解法使四氯化碳和钠反应制备金刚石纳米粉。用 X 射线衍射(XRD)和拉曼光谱证实了金刚石的形成,该实验结果发表在 1998 年的 Science 杂志上。美国《化学与工程新闻》杂志还发表题为"稻草变黄金——从四氯化碳(CCl_4)制成金刚石"一文,予以高度评价。

反应方程式为:

$$CCl_4 + 4Na = 4NaCl + C（金刚石）$$

在纳米材料研究方面,钱逸泰教授将溶剂热合成技术发展成一种重要的固体合成方法。指导思想是将反应物的化学键几何构型保持在产物中,用 Wurtz 反应,以金属钠还原六氯代苯制得了多壁碳纳米管。该文章发表在 J. Am. Chem. Soc. 上。

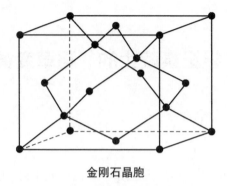

金刚石晶胞

钱逸泰曾如此告诫学生：成功可能有很多种原因，但往往失败只有一条，那就是想太多。做科研一定要专注，不能贪大求全。你同时做8个方向，形成了个放射状，最终很可能合力为零。

参考资料

[1] Li Y. A Reduction-Pyrolysis-Catalysis Synthesis of Diamond. Science, 1998, 281(5374): 246-247.

[2] Jiang Y, Wu Y, Zhang S, et al. A Catalytic-Assembly Solvothermal Route to Multiwall Carbon Nanotubes at a Moderate Temperature. Journal of the American Chemical Society, 2000, 122(49): 12383-12384.

1.3 蒋锡夔院士与氟橡胶

蒋锡夔是世界著名物理有机化学家和有机氟化学家,中国物理有机化学和有机氟化学的奠基人之一。

蒋锡夔出身大户,其曾祖蒋翰臣在清末创业发家,让蒋门成为当时南京城中少有的富贵人家。蒋锡夔的父亲蒋国榜是一位颇具国学造诣的文人,而母亲冯乌孝曾是浙江女子师范学校的教师。优渥家境兼书香门第让蒋锡夔从小就接受了极好的教育。

高中时期他对化学产生了极其浓厚的兴趣,他曾在日记中写道:我的能量似乎只允许我走一条路,我将走向科学研究之路,它已抓住了我的理想。于是阅读化学方面的书籍几乎成了他寒假里的全部活动。

蒋锡夔院士

他还养成了写日记的习惯。他的日记充满了自己对于人生的感悟和思考，他坚持以日记来进行自我反省，并按照日记中所总结的经验教训督促自己的言行。可以说这一切与他人生观和世界观的形成，高远志向的树立密不可分。

对化学的热爱让他进入了圣约翰大学学习化学专业，博览与精读并行，经典共新文同研，为自己奠定了深而广的化学理论基础；对化学的热爱让他在圣约翰大学毕业后又远赴美国求学，进入华盛顿大学（西雅图）攻读化学博士，在道本教授指导下开展了特殊结构分子的芳香性研究并相当出色地完成了研究工作；对化学的热爱让博士毕业后的他进入凯劳格公司担任研究员，改进了三氟氯乙烯的合成方法，发现了氟烯烃与三氧化硫反应合成磺内酯的新反应，此反应广泛应用于工业生产。

从小就善于思考与自省的蒋锡夔明事理，知大义，始终怀揣着报效祖国服务人民的决心。他于1948年赴美前夕，在日记中写道：在历史前进的步伐里，我是不容自己落后的。有一个问题至今未解决，出国后研究工业化学，还是纯学术化学。我懂得将来的中国是怎样的需要工业人才。

蒋锡夔在美国从未放下对祖国的爱与承诺。1955年初，他向美国移民局提出了回国申请，美国移民局力劝他放弃回国念头。他们派了两个官员到蒋锡夔的住处，直截了当地告诉他，只要他愿意，移民局可以帮他办理加入美国国籍的一切手续。他们主动提出愿意帮他寻找称心如意的美国淑女成亲。两位官员还承诺，不管蒋锡夔是否离开美国，都不会把他申请回国的事情告诉凯劳格公司，以免丢了饭碗。两位官员可以说是尽心尽责、费尽了脑筋，然而蒋锡夔只是心平气和地告诉他们：讲信用是我为人的基本准则，作为一个从小受中国传统文化熏陶的科学工作者，我不能因为有所贪图而违背自己的诺言。

氟橡胶是"两弹一星"必不可少的新型材料，它比一般的橡胶材料更耐高温、耐低温，还具有抗化学腐蚀、高绝缘、难燃、耐候性好、低摩擦系数和不粘等优良性能。当时，氟橡胶是国防军工和国民经济建设中非常急需的特种材料，是美国及一些西方国家对中国第一禁运的物品。如此"要命"而急缺的氟橡胶成了当时中国国防研究的重中之重，而蒋锡夔毅然决然地扛起了这个技术重担。

他于1957年受命开展氟橡胶研制工作，之后又担任新成立的氟橡胶课题组组长。该课题组的首要任务就是要合成出全氟丙烯和偏氟乙烯（1，2-二氟乙烯）作为单体，为后面的聚合提供原料来源。基于课题组充分的调研以及自己对反应机理的理解，蒋锡夔确立了合成路线，通过5个月的反复试验，他们合成出了单体原料——全氟丙烯和偏氟乙烯。紧接着，聚合反应的试验工作开始了。又经过6个月的艰苦努力，蒋锡夔课题组在1959年研制出了一块白色的氟橡胶样品。

接下来，更艰巨的任务就是如何把试管中的氟橡胶样品转变成真正的军工产品氟橡胶。从1959年7月起，中国最前沿的科研单位纷纷派遣科研人员与上海有机氟化工厂的生产技术人员一起，全力以赴在上海大搞技术攻关。在蒋锡夔和胡亚东等人的带领下，经过短短两个月的奋力拼搏，军工产品氟橡胶1号最终研制成功了。

1963年7月，蒋锡夔与陈庆云等一批科研骨干相继参与并研制出了四氟乙烯与六氟丙烯共聚的F46、四氟乙烯与乙烯共聚的FS40、四氟乙烯与偏氟乙烯和六氟丙烯共聚的F246等，这些新产品都是当时中国发展原子能工业以及研制导弹和火箭等所必需的原材料。此外，他还致力于氟塑料的研究工作，其中的耐开裂氟塑料FS-46的研究成果获得了1979年国防科委颁发的二等奖。

参考资料

[1] 蒋锡夔生平. http://www.cas.cn/zt/rwzt/qingming2018/jiang/201803/t20180322_4639283. 2018-03-22.

[2] Zhao X, Wang X Z, Jiang X K, et al. Hydrazide-based quadruply hydrogen-bonded heterodimers. Structure, assembling selectivity, and supramolecular substitution. Journal of the American Chemical Society, 2003, 125 (49): 15128-39.

1.4 屠呦呦与青蒿素

1930年12月屠呦呦出生在浙江宁波,"呦呦鹿鸣,食野之蒿",父亲为她起名呦呦。任谁也不曾想到,多少年之后,屠呦呦会与这首诗结下不解之缘。

直到屠呦呦从青蒿里面提取出青蒿素,困扰世界半个多世纪的难题才被解开。青蒿素是屠呦呦献给祖国的一份大礼,同时也是中医药献给世界的一份大礼。

2015年10月5日,中国女科学家屠呦呦因在疟疾治疗研究中所取得的成就,荣获2015年诺贝尔生理学或医学奖。屠呦呦是第一位获得诺贝尔科学奖项的中国本土科学家,也是中医药成果获得的最高奖项。

屠呦呦领取诺贝尔奖

早在20世纪60年代，疟疾在世界各地广泛流行，夺去了许多人的生命。面对这种状况，各国纷纷投入大量人力物力研发抗疟药物，但几十年来每一次试验都铩羽而归。

1967年5月23日，我国紧急启动"疟疾防治药物研究工作协作"项目，代号为"523"。项目背后是残酷的现实：因为传统的氯喹对疟疾产生的作用逐渐失效，疟疾成为当时人类最头疼的疾病之一，没有任何药物能够根治这一疾病。病死率极高的疟疾就如同死神一样慢慢地收割着人类的生命。如何找到新药成为世界性的棘手问题。

临危受命，屠呦呦被任命为"523"项目中医研究院科研组长。要在设施简陋和信息渠道不畅条件下、短时间内对几千种中草药进行筛选，其难度无异于大海捞针。但这些看似难以逾越的阻碍反而激发了她的斗志：通过翻阅历代本草医籍，四处走访老中医，甚至连群众来信都没放过，屠呦呦终于在2000多种方药中整理出一张含有640多种草药、包括青蒿在内的《抗疟单验方集》。可在最初的动物实验中，青蒿的效果并不出彩，屠呦呦的寻找也一度陷入僵局。

到底是哪个环节出了问题呢？屠呦呦再一次转向古老的中国智慧，重新在经典医籍中细细翻找，突然，葛洪《肘后备急方》中的几句话牢牢抓住她的目光："青蒿一握，以水二升渍，绞取汁，尽服之。"一语惊醒梦中人，屠呦呦马上意识到问题可能出在常用的"水煎"法上，因为高温会破坏青蒿中的有效成分，她随即另辟蹊径采用低沸点溶剂进行实验。

成功，在190次失败之后。1971年，屠呦呦课题组在第191次低沸点实验中发现了抗疟效果为100%的青蒿提取物。1972年，该成果得到重视，研究人员从这一提取物中提炼出抗疟有效成分青蒿素。这些成就并未让屠呦呦止步，1992年，针对青蒿素成本高、对疟疾难以根治等缺点，她又发明出双氢青蒿素这一抗疟疗效为前者10倍的"升级版"。

为什么屠呦呦可以在平凡岗位上大有作为？或许我们可以从她说过的一句话中找到答案："一个科技工作者，是不该满足于现状的，要对党、对人民不断有新的奉献。"

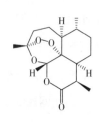

青蒿素分子式　　　　　　　　　　青蒿

在科研路上屠呦呦敢为人先，面对困难时屠呦呦用自己数年来不懈的努力加以攻克，而当功成名就、获得诺贝尔奖之后，屠呦呦反而"沉潜"了起来。既没有凭借媒体大肆宣扬自己，也没有向国家索要荣誉，一切和平常一样，这位年近90岁的中医学家仍将自己的精力投入到科研上。

对此她只是说："得奖、出名都是过去的事情，我们要好好干活。"多么朴素的话语！这位名誉全球的科学家不仅没有停下脚步，反而不向岁月低头，仍然一往直前地从事研究工作，屠老的精神也在激励着我们。

心有担当、淡泊名利，屠呦呦同时也将这种精神贯彻到了教育事业当中。2016年，获得诺贝尔奖的屠呦呦以全部奖金设立了"屠呦呦医药人才奖励基金"，用以激励和帮助更多年轻的医学新秀参与到中国中医药的科研当中。

参考资料

[1] 青青蒿草　拳拳报国—诺贝尔奖获得者屠呦呦. http://www.xinhuanet.com/tech/ 2021-03/22/c_1127241490.htm, 2021-03-22.

[2] 刘春朝, 王玉春, 欧阳藩. 等. 青蒿素研究进展. 化学进展, 1999.

1.5 无机化学家徐如人院士

徐如人,吉林大学化学学院创建者之一,我国著名的无机化学家。徐如人用一腔热血扎根坚守在吉林这片热土上,他参与、创建并见证了吉林大学化学学院从无到有,从弱到强的过程。徐如人与爱人庞文琴在吉林大学任教60余载,2017年9月,吉林大学70年校庆之际,徐如人决定把他与爱人庞文琴一生的积蓄共500万元全部拿出来捐赠给学校,设立徐如人、庞文琴教育基金。徐如人捐出的不仅仅是他们夫妻的积蓄,更是把自己的一生都"捐献"给了国家!

徐如人院士

徐如人深深地知道,国家的需要就是自己的研究方向。因此选择了分子筛这一国家多个领域急需的催化材料作为自己的研究方向,一头扎进了这个对石化、环保与精细化工等工业特别重要的催化材料的基础研究工作,这一干就是四十年。

20 世纪 70 年代中后期,为了解当时国际上在分子筛领域的前沿与基本动态和我国在分子筛领域的研究水平,徐如人一边实验研究一边查阅大量文献。一本第一次国际分子筛大会的论文集让他如获至宝,他花大力气将其全部翻译出来。1980 年,徐如人代表中国去意大利参加了第五次国际分子筛大会,并在大会上作了中国人的首次会议报告。

回国以后,徐如人就开始以微孔晶体的合成化学为研究方向,且大胆地以"微孔晶体的晶化机理"为突破口进行研究。对分子筛晶化机理提出了比较全面的见解,首次应用高能电子衍射确证了液相内晶核的生成与结构,开发出了一系列分子筛液相导向剂;提出了 ZSM-5 晶化时模板分子的正电四面体模型;提出了晶化过程中自发成核与非自发成核两大类型的晶化动力学模型以及转晶机制。对新型无机微孔物的开发有重要贡献,首次合成磷酸镓、砷酸铝、砷酸镓、硼酸盐、钛酸盐、氧化锗与锗酸盐等四大类八个系列新型微孔晶体,将骨架组成元素由传统的 Si、Al、P 扩展到了包括 B、Ga、In、Ge、As、Be、Zn、Co、Ti 等在内的众多主族与过渡金属元素,并打破了骨架的一级结构单元仅为 TO_4 的传统观念,为此领域的发展开拓了广阔前景。近年来又开辟了一些新的无机合成路线,并已合成出一批全新的化合物,用水热合成代替高温固相合成路线,合成高纯均相的无机功能材料。

他和团队经多年的系统深入研究,在国内乃至国际上取得了若干重要且有前瞻性的研究成果,为我国分子筛多孔材料领域和无机合成与制备化学学科培养了大批优秀人才,其中包括中国科学院院士 3 人,国家级名师与多位长江学者和国家杰出青年基金获得者。

可以说,徐如人创建了我国无机合成化学学科,将我国的无机合成化学推向国际前列;他引领了分子筛发展史上的第三个里程碑,促进了分子筛领域的大发展;他推动了我国分子筛以及水热合成产业的发展,支撑了早期我国石油加工工业的兴起。

参考资料

[1] 中国科学家博物馆—徐如人. http://www.mmcs.org.cn/gz/1224/4382.

1.6　陈家镛院士与湿法冶金技术

陈家镛，中国科学院院士，我国著名的化学工程学家和冶金学家。

陈家镛院士

1956年，党中央发出了希望海外学者归国的号召，陈家镛夫妇毅然决定回国效力，回国后便欣然接受著名冶金学家叶渚沛先生的邀请，加入中国科学院化工冶金研究所，担任湿法冶金研究室主任，带领同事们开发湿法冶金技术，处理国民经济建设急需的多种有色金属矿，开拓我国湿法冶金研究的新领域，面向国家重大战略急需开展长期艰苦卓绝的工作，取得的大量科研成果服务于国家经济和国防建设。

"火法冶金"又称高温冶炼，这种传统方法有很大局限性，对于复杂、难选、低品位矿石基本束手无策，造成资源的极大浪费；而二战时"湿法冶金"提炼铀曾大显身手。它通过浸取，将金属浸入溶液然后用萃取方法分离，该方法特别适合处理低品位矿石,而且耗能低、污染少,是一种环境友好的清洁生产技术。

陈家镛学化工出身,转投冶金领域对他来说可谓是一项"挑战"。刚入所的两年间,他的压力非常大,那时曾感叹道:"不懂火法冶金,根本无法开展湿法冶金。"于是他从了解国家矿产资源分布入手,通读了《矿物通论》,对岩石组成、矿物鉴定、选矿技术等进行了悉心研究。

在钻研"火法冶金"时,他凭借原先的知识积累,在化学反应动力学和热力学方面作了深入研究。功夫不负有心人,陈家镛与同事们开始对含铜约为0.44%的云南东川尾矿回收铜进行技术攻关,在中关村进行了小型实验和中间试验,打通了氨浸流程。由于当时我国经济发展水平低,设备条件简陋,其间遇到了许多意想不到的困难:蒸汽锅炉供气不足只能晚上试验,在噪音大的车间里协同试验喊哑嗓子,氨水呛人热浆喷溅仍坚守岗位保证试验等等。

1960年,陈家镛在昆明向中科院数理化学部主任严济慈汇报了东川尾矿氨浸的试验结果,得到了好评,冶金部随后决定在东川建立了日处理量为10吨的氨浸扩试车间。次年待厂房建好后,湿法冶金室先后派杨守志、尤彩真、安震涛、范正、夏光祥等同志去东川工作,组织各系统工程设备的安装调试。1962年下半年正式进行了全系统的中间试验,这是我国第一次利用加压氨浸技术回收铜。

当时全国处于三年自然灾害困难时期,粮食供应不足只能吃土豆,土豆吃多了脑袋疼,现场的同志们在试验之余就挖野菜、刨土豆。陈家镛经常来东川指导并参与试验,一待就是几个月,他将东川矿务局向上级申请特批的一点点白面、猪肉、香烟也都贡献出来,让大家的生活能有稍许改善。

就是在这样异常艰苦的环境中,化工冶金所与其他单位的同志们一起完成了日处理10吨矿石的中间试验,撰写了《东川汤丹尾矿连续浸取报告》和《东川汤丹原矿氨浸取报告》等研究报告,1964年底通过了云南省冶金局的鉴定。日后又建立了日处理量为100吨矿石的中试车间,并一直生产到1976年。

云南东川生产的铜一直服务于国民经济建设和国防建设,陈家镛与同事们作出了不可磨灭的贡献，时至今日东川矿务局的许多老同志仍清晰记得与化工冶金所同仁们一起在东川技术攻坚度过的日日夜夜。

与此同时，针对我国甘肃金川、四川攀枝花等共生矿中有色金属难于分离的特点，湿法冶金室加强了分离科学与工程的研究。例如，陈家镛和同事们发现，攀枝花钒钛磁铁矿有难于分离的钒、铬共生的特点，他们尝试用胺类萃取剂进行有效分离并取得突破，推动了系列伴生的金属如钒和铬、钨和钼、铜和铼等之间的分离，以及砷、磷、硅与钨、钼分离的新工艺。他们还将"相转移"原理引入萃取领域，解决了磷酸酯萃取剂中负载的铁难于反萃的问题，为实现磷酸酯萃取除铁在工业中的应用开辟了切实可行的方向，终获重大突破。

湿法冶金在回收金、银、铜、镍、钴等有色金属方面为国家创造了巨大财富，这项环境友好的清洁生产技术也成为中国援助第三世界兄弟国家的一份厚礼。由化工冶金所承担的"阿尔巴尼亚红土矿综合利用"是国家的重要援外项目，方毅副总理曾多次来所视察并给予高度评价。郭慕孙和陈家镛共同领导科研人员联合攻关，采用流态化还原焙烧→氨浸镍钴→Fe_3O_4磁选→炼钢的路线，在上海进行了每日100吨规模的扩大试验，取得满意结果，后成功在阿建厂生产，为中阿两国的友谊增添了浓墨重彩的一笔。

虽转攻湿法冶金研究，但陈家镛始终没有放松对化学工程的探索与创新，深知化学工程作为学科基础的重要性。他倡导将化学反应工程学与湿法冶金结合起来，开展气液固三相反应器及非均相反应动力学的研究，延续至今已取得多项重要成果，成为研究所开展化学工程学研究的基础。

此外，陈家镛在材料学方面也颇有建树。在艰难的二十世纪六七十年代，考虑到化工冶金所的学科基础及学科发展，陈家镛等制定了"涂层复合粉末→超细粉末→陶瓷粉末"的制备和应用的研发技术路线。经过湿法冶金室多年的协同攻坚，镍包铝粉、钴包碳化钨、镍包石墨粉、铝包空心玻璃球等复合粉末材料和镍粉、钴粉、铜粉、氧化物等超细粉末均研制成功，满足了国民经济建设及国防建设的迫切需要。

陈家镛经常教育青年要"学然后知不足""知之为知之,不知为不知,是知也""要实事求是,不要弄虚作假,不要心存侥幸"。他谦虚谨慎、严格求实的作风是留给后辈学生的宝贵精神财富。

参考资料

[1] 陈家镛院士:化工"牵手"冶金. http://news.sciencenet.cn/htmlnews/2014/7/299637.
[2] 汪家鼎,陈家镛. 溶剂萃取手册. 北京:化学工业出版社,2001.

1.7 中国"龙芯之母"黄令仪

"我这一辈子最大的愿望就是匍匐在地,擦干祖国身上的耻辱。"这句话出自一位已经 85 岁高龄的科学家,她叫黄令仪。

年近八十的黄令仪依然精神矍铄

黄令仪,生于 1936 年,在抗日战争中长大,随新中国一起成长,现为龙芯中科技术有限公司研究员。新中国成立后,周总理向中国科学家发出发展我国科学事业的指示。黄令仪怀揣着科技兴国的理想,考入华中工学院(今华中科技大学),随后进入清华大学半导体专业深造。1960 年,黄令仪学成返回华中科技大学,在母校创办半导体专业和实验室。1962 年加入中科院计算所,自此全身心投入到科研工作当中。

黄令仪刚进入中科院计算所时,中国在半导体方面还是一穷二白。她一进实验室，四壁空空，只有一个身穿白大褂的年轻人，蹲在一个电炉旁边，炉上有一个玻璃烧杯，里面有几块指甲盖大小的紫蓝色硅片，这就是当时要做的二极管。

黄令仪就是在这样艰苦的环境下，开始了她不平凡的人生。在随后长达半个多世纪的时间里，从二极管、三极管、大规模集成电路，到中国自主研发设计的第一枚 CPU 芯片，黄令仪见证并参与了中国微电子行业从无到有的发展历程。

2002 年，66 岁的黄令仪第一次见到胡伟武，胡伟武说："我要让全中国人都会设计 CPU！"黄令仪被深深地感动了。为中国人民服务，这也是她一生的追求！黄令仪毅然决定放弃退休，主持中国龙芯项目的研究。一晃又是十五载，从 1B，1C 到 3A，3B，再到 GS464E，每一张设计版图，每一项数据，她都要一一过目，绝不允许有丝毫的闪失和偏差。终于，在她 82 岁（2018 年）的高龄，拿出了龙芯，让中国高铁复兴号实现百分之百国产；还让北斗卫星也装上中国芯。

龙芯 3 号

2020 年 1 月 6 日，中国计算机学会（CCF）发布公告，决定将 2019 年"CCF

夏培肃奖"授予龙芯中科技术有限公司研究员黄令仪,以表彰她在计算机核心器件方面所做出的杰出贡献。获奖理由是,"黄令仪研究员在长达半个多世纪的时间里,一直在研发一线,参与了从分立器件、大规模集成电路,到通用龙芯CPU芯片的研发过程,为我国计算机核心器件的发展做出了突出贡献"。

如今,已经85岁高寿的黄令仪研究员仍活跃在科研前线,带领着新一代的科学工作者们保持初心、砥砺前行。

参考资料

[1] 计红梅. 中国计算机学会举行2019颁奖大会. http://news.sciencenet.c n/htmlnews/2020/1/434743.shtm, 2020-01-12.

[2] 岁月见证的中国芯——谨贺龙芯黄令仪老师八十寿辰. http://www.loongson.cn/news/company/500.html, 2016-12-09.

1.8 门捷列夫与元素周期律

德米特里·伊万诺维奇·门捷列夫（1834—1907）是俄罗斯伟大的化学家，自然科学基本定律化学元素周期表的创始人。

门捷列夫

1841年，7岁的门捷列夫进了中学，他在上学的早几年就表现出了出众的才能和惊人的记忆力，他对数学、物理学和地理产生了极大的兴趣。1850年，门捷列夫进入中央师范学院学习，在大学一年级，门捷列夫就迷上了化学。他决心要成为 个化学家，为人类的利益而获得简单、价廉和"到处都有"的物质。

他各门功课都学得很扎实，在课外阅读各种科学文献，20岁那年，门捷列夫的第一篇科学论著《关于芬兰褐廉石》发表在矿物学协会的刊物上，这是同晶现象方面重要的发现。

1855年，门捷列夫以第一名的优异成绩毕业于师范学院，曾担任中学教师，后来门捷列夫在彼得堡参加硕士考试，并在所有的考试科目中都获得了最高的评价。在他的硕士论文中，门捷列夫提出了"伦比容"，这些研究对他今后发现周期律有至关重要的意义。

两年后，23岁的门捷列夫被批准为彼得堡大学的副教授，开始教授化学课程，主要负责讲授《化学基础》。在理论化学里应该指出自然界到底有多少元素？元素之间有什么异同和存在什么内部联系？新的元素应该怎样去发现？这些问题，当时的化学界正处在探索阶段。年轻的学者门捷列夫也毫无畏惧地冲进了这个领域，开始了艰难的探索工作。

1860年门捷列夫在德国卡尔斯卢厄参加第一次国际化学家代表大会，在会议上与参会代表解决了许多重要的化学问题，最终确定了"原子""分子""原子价"等概念，为测定元素的原子量提供了重要的依据。这次大会也对门捷列夫形成元素周期律的思想产生了很大的影响。1861年门捷列夫回到彼得堡，继续化学教授工作。虽然教学工作非常繁忙，但他继续着科学研究。门捷列夫深深地感觉到化学还没有牢固的基础，化学在当时只不过是记述零星的现象而已，甚至连化学最基本的基石——元素学说还没有一个明确的概念。

门捷列夫开始编写一本内容很丰富的著作《化学原理》。他遇到一个难题，即用一种怎样的合乎逻辑的方式来组织当时已知的63种元素。于是，他开始搜集每一个已知元素的性质资料和有关数据，把前人在实践中所得成果都收集在一起。人类关于元素问题的长期实践和认识活动，为他提供了丰富的材料。他在研究前人所得成果的基础上，发现一些元素除有特性之外还有共性。例如，已知卤素元素的氟、氯、溴、碘，都具有相似的性质；碱金属元素锂、钠、钾暴露在空气中时，都很快就被氧化，因此都是只能以化合物形式存在于自然界中；有的金属，例如铜、银、金都能长久保持在空气中而不被腐蚀，正因为如此它们被称为贵金属。

门捷列夫准备了许多扑克牌一样的卡片，将63种化学元素的名称及其原子量、氧化物、物理性质、化学性质等分别写在卡片上。他用不同的方法去摆弄那些卡片，用以进行元素分类的试验。

1869年3月1日这一天，门捷列夫仍然在对着这些卡片苦苦思索。他先把常见的元素族按照原子量递增的顺序拼在一起，之后是那些不常见的元素，最后只剩下稀土元素没有全部"入座"，门捷列夫无奈地将它放在边上。从头至尾看一遍排出的"牌阵"，门捷列夫惊喜地发现，所有的已知元素都已按原子量递增的顺序排列起来，并且相似元素依一定的间隔出现。第二天，门捷列夫将所得出的结果制成一张表，这是人类历史上第一张化学元素周期表。在这个表中，周期是横行，族是纵行。在门捷列夫的周期表中，他大胆地为尚待发现的元素留出了位置，并且在其关于周期表的发现的论文中指出：按着原子量由小到大的顺序排列各种元素，在原子量跳跃过大的地方会有新元素被发现，因此周期律可以预言尚待发现的元素。

1871年12月，门捷列夫在第一张元素周期表的基础上进行增益，发表了第二张表。在该表中，改竖排为横排，使一族元素处于同一竖行中，更突出了元素性质的周期性。至此，化学元素周期律的发现工作已圆满完成。化学界通常将周期律称为门捷列夫周期律：主族元素越是向右非金属性越强，越是向下金属性越强。同主族元素，随着周期数的增加，原子量越来越大，原子半径越来越大，金属性越来越强。同周期元素，随着原子序数的增加，原子量越来越大，半径越来越小，非金属性越来越强。最后一列上都是稀有气体，化学性质稳定。

门捷列夫发现了元素周期律，在世界上留下了不朽的功绩，恩格斯在《自然辩证法》一书中曾经指出："门捷列夫不自觉地应用黑格尔的量转化为质的规律，完成了科学上的一个勋业，这个勋业可以和勒维烈计算尚未知道的行星海王星的轨道的勋业居于同等地位。"

当有人将门捷列夫对元素周期律的发现看得很简单，轻松地说他是用玩扑克牌的方法得到这一伟大发现的，门捷列夫却认真地回答说，从他立志从事这项探索工作起，一直花了大约20年的功夫，才终于在1869年发表了元素周期律。他把化学元素从杂乱无章的迷宫中分门别类地理出了一个头绪。

他具有很大的勇气和信心，不怕名家指责，不怕嘲讽，勇于实践，敢于宣传自己的观点，终于得到了广泛的承认。

参考资料

[1] 盛根玉. 门捷列夫发现元素周期律的历史考察. 化学教学，2011，000（005）：65-69.
[2] 凯德洛夫. 科学发现揭秘：以门捷列夫周期律为例. 北京：社会科学文献出版社，2002.

1.9 鲍林与杂化轨道理论

莱纳斯·卡尔·鲍林（Linus Carl Pauling，1901年2月28日—1994年8月19日）是美国著名化学家，量子化学和结构生物学的先驱者之一。1954年因在化学键方面的工作获得诺贝尔化学奖，1962年因反对核弹在地面测试的行动获得诺贝尔和平奖，成为获得不同诺贝尔奖项的两人之一。鲍林被认为是20世纪对化学科学影响最大的人之一，他所撰写的《化学键的本质》被认为是化学史上最重要的著作之一。他所提出的许多概念和理论：电负性、共振理论、价键理论、杂化轨道理论、蛋白质二级结构等，对20世纪化学科学的发展起到了巨大的推动作用。

莱纳斯·卡尔·鲍林

19世纪关于物质的组成所提出经典结构理论，只定性地解释了化学现象和经验事实。到了 20 世纪 30 年代初期,关于化学键的新理论被提出来,其中之一就是价键理论。这种价键理论解决了基态分子的饱和问题,但对有些实验现象却不能解释。例如:在 CH_4 中 C 原子基态的电子结构有两个未成对的电子,按照价键理论只能生成两个共价键,但实验结果表明 CH_4 却是正四面体结构。

为了解释 CH_4 的正四面体结构,说明碳原子四个键的等价问题。1931 年鲍林等人在价键理论的基础上提出杂化轨道理论(Hybrid Orbital Theory),它实质上仍属于现代价键理论,但是它在成键能力、分子的空间构型等方面丰富和发展了现代价键理论。该理论的根据是电子运动不仅具有粒子性,同时还有波动性。而波是可以叠加的。所以鲍林认为,碳原子和周围四个氢原子成键时,所使用的轨道不是原来的 s 轨道或 p 轨道,而是二者经混杂、叠加而成的"杂化轨道",这种杂化轨道在能量和方向上的分配是对称均衡的。杂化轨道理论很好地解释了甲烷的正四面体结构。鲍林由于对化学键本质的研究以及把他们应用于复杂物质结构的研究而获得 1954 年诺贝尔化学奖。

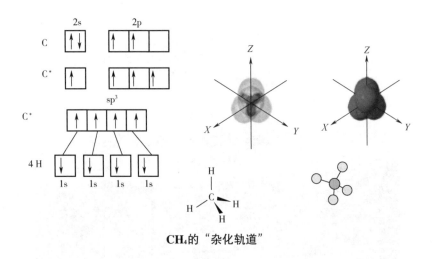

CH_4 的"杂化轨道"

鲍林曾指出:"科学与和平是有联系的,世界已被科学的发明大大改变了,特别是在最近一个世纪。现在,我们增进了知识,提供了消除贫困和饥饿的可能性,提供了显著减少疾病造成的痛苦的可能性,提供了为人类利益有效地使用资源的可能性。"他认为，核战争可能毁灭地球和人类，他号召科学家们致力于和平运动，鲍林倾注了很多时间和精力研究防止战争、保卫和平的问题。由于鲍林对和平事业的贡献，他在1962年荣获了诺贝尔和平奖。

参考资料

[1] 贝松. 莱纳斯·卡尔·鲍林荣誉与争议并存. 科学家，2014（5）：62-64.
[2] 曹阳. 杂化轨道理论的进展. 化学通报，1985（10）：5-10.

1.10 油脂化学家张驷祥

张驷祥,祖籍江苏镇江,1918年8月15日出生于北京,1941年毕业于上海国立暨南大学,获化学学士学位。1947年赴美国改学食品专业,1949年在美国堪萨斯州立大学获硕士学位,1952年获得伊利诺斯大学食品科学博士学位,1955年完成博士后工作,进入企业从事食用油研究;1960年受聘至新泽西罗格斯(Rutgers)大学工作,1980年担任国际脂肪研究协会名誉主席。张驷祥教授在油脂风味稳定性、深度煎炸食品、乳化技术、食品风味化学、天然抗氧化剂筛选等研究领域成绩斐然,既是一位出色的学者、专家,也是一位优秀的教育家和科技活动家,在学术界、教育界和工业界都作出了杰出贡献。

张驷祥教授

20世纪50年代，张驷祥教授在美国伊利诺斯大学攻读博士学位期间就开始进行油脂气味及其稳定性研究，当时检测手段极为有限，气相色谱仪、质谱仪和核磁共振仪等仪器较少，他克服重重困难，取得了多项开拓性成果。由于风味物质的挥发性和不稳定性，必须使用特殊装置将它们从食品中分离出来。为此，张驷祥教授利用降膜分子蒸馏原理，分别设计了从油脂类食品和从水溶液或固体食物中分离挥发性成分的特殊装置。这些装置甚为有效，被许多研究单位学习仿制，成为风味研究的标配设备。从众多复杂的食品挥发性成分中鉴定出关键成分是风味化学的最重要任务，张驷祥教授实验室探明了多种食品中起主导作用的特征风味成分，除了鉴定出豆腥味的特征成分 2-戊基呋喃以外，他们还鉴定出炸马铃薯片中的 2,5-二甲基-吡嗪，在鉴别这些关键成分的过程中，他们掌握了其生成机理，从而找到防止其生成的方法。张驷祥的研究工作奠定了食品风味化学的基础，他主持的实验室成为当代油脂化学和食品风味化学研究的先驱和中心之一，使食品风味研究在世界范围内成为一门新兴学科。

20世纪60到80年代，他还领导开展了32种植物源天然抗氧化剂研究，明确了迷迭香的高效抗氧化性质和安全性。1976年他从迷迭香与鼠尾草中成功地提出无味、无臭而高效的抗氧化成分。

张驷祥教授是中美食品科技交流的杰出使者，同时他对海峡两岸食品科学技术的交流也起到积极的推动作用。改革开放后，中美关系获得改善，越来越多的海外华人学者、专家回乡探访，并进行科技教育交流合作，张驷祥教授就是最早一批的教育文化使者。他利用来华探亲机会，回到故土，介绍国际食品科技进展，为中国食品科技工作发展纳言献策。并且将国内多位年轻学者推介到美国名校进修，为中国培养了优秀的油脂、食品科技人才。

参考资料

[1] 王武，沈贵鹏，庄若江. 良师轶闻. 北京：科学出版社，2014.

[2] 当代油脂化学家——美籍华人张驷祥教授. 油脂工程师之家. 2017-08-15（http：//www.sohu.com/a/164692978_711264，2017-08-15.）.

[3] 张驷祥，王亦芸. 豆腥气的化学成份——食品气味成份的鉴定法. 食品工业，1981(1)：3-7+26.

1.11 范特霍夫的碳原子四面体构型

雅各布斯·亨里克斯·范特霍夫（Jacobus Henricus van't Hoff，1852年8月30日—1911年3月11日），荷兰化学家，立体化学和物理化学的开创者。1901年由于发现了溶液中的化学动力学法则和渗透压规律以及对立体化学和化学平衡理论作出的贡献，成为第一位诺贝尔化学奖获得者。

范特霍夫

范特霍夫从小聪明过人，酷爱化学，上中学时曾潜入学校的实验室偷做化学实验而被老师逮着，幸好老师没有报告校长而只告诉了他父亲，他父亲也没有过多责备,而是让出了自己的一间医疗室给儿子,从此,范特霍夫开始经营起自己的小实验室。当时,荷兰普遍存在着轻视化学的偏见,父亲反对范特霍夫学习化学。17 岁时范特霍夫中学毕业,最终还是听从了父亲的意见,在德尔夫特高等工艺学校学习工业技术。在那里,他以优异的成绩博得了在该校任教的化学家 A. C.奥德曼斯的器重,两年就学完了规定三年学习的内容。这两年的学习,更增强了范霍夫毕生从事化学研究的信心和决心。

1871 年,范特霍夫终于说服父母,开始化学研究生涯。1872 年,范特霍夫在莱顿大学毕业后,为了在化学上得到深造,他先后到柏林拜德国著名有机化学家凯库勒为师。次年凯库勒又推荐他去巴黎医学院的武兹实验室。在著名化学家武兹的指导下,范特霍夫与他的法国好友勒·贝尔同窗深造。此后他们双双成为新的立体化学学科的创立者。

同年,由于家庭原因,范特霍夫离开了工作半年的巴黎实验室回到荷兰,在乌德勒支大学任教。1874 年的一天,他在学校的图书馆认真地阅读着威利森努斯研究乳酸的一篇论文,他盯着乳酸的结构式,突然想到,如果将乳酸中心碳原子上的四个取代基都换成氢的话,那它就变成了甲烷,但甲烷的四个氢和碳原子都排在一个平面上,情况会怎样呢?范特霍夫知道自然界中一切都趋于能量最小的状态,只有当甲烷的四个氢原子均匀分布在碳原子周围的空间时才能达到,那就应该是正四面体。而当甲烷的四个氢换成四个不同的取代基时,它在空间就有两种不同的排列方式,它们互为镜像。范特霍夫终于发现了物质产生旋光异构的秘密所在,一门崭新的化学分支——立体化学就这样诞生。此时范特霍夫年仅 22 岁。两个月之后,他的同窗好友勒·贝尔也独立提出了碳的正四面体构型学说。

范特霍夫认为,在已经建立起来的经典有机结构理论中,由于人们还不了解原子所处的实际位置,所以原有的化学结构式不能反映出某些有机化合物的异构现象。他根据自己的研究,于 1875 年发表了《空间化学》一文。首次提出了"不对称碳原子"的新概念。不对称碳原子的存在,使酒石酸分子产生两个变体——右旋酒石酸和左旋酒石酸,二者混合后,可得到光学上不活泼的外消旋酒石酸。范霍夫用他所提出的"正四面体模型"解释了这些旋光现象。范特霍夫关于分子的空间立体结构的假说，不仅能够解释旋光异构现象，而且还能解释诸如顺丁烯二酸和反丁烯二酸等另一类非旋光异构现象。

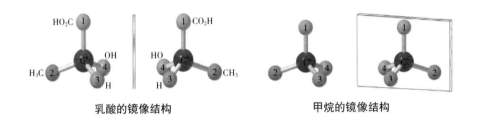

乳酸的镜像结构　　　　　甲烷的镜像结构

范特霍夫首创的"不对称碳原子"概念，以及碳的正四面体构型假说（有时又称为范特霍夫-勒·贝尔模型）的建立，在化学界引起了巨大反响，尽管学术界对其褒贬不一，但往后的实践却证明，这个假说成了立体化学诞生的标志。

参考资料

[1] 正四面体分子. https://wiki.cnki.com.cn/HotWord/5777152.htm.

1.12 分析化学家高鸿院士

高鸿，1918年6月26日出生于陕西泾阳，分析化学家、教育家，中国科学院院士，我国近代仪器分析学科奠基人之一。1943年毕业于原国立中央大学，1945年2月赴美国伊利诺伊大学专攻分析化学，因优异表现获两枚金钥匙，1947年获化学博士学位并留校工作。1948年，他谢绝了导师的挽留，怀着一颗赤子之心毅然回到祖国，担任原国立中央大学化学系副教授。解放后任职南京大学。1980年11月，当选中国科学院化学部学部委员（院士）。

高鸿院士

高鸿院士高瞻远瞩，严谨治学，精心育才，始终致力于分析化学学科前沿领域研究，多次参加全国基础学科科学规划的制订工作，对我国分析化学学科建设做出了不可磨灭的贡献。早在20世纪50年代中期，应国家在分析化学人才培养和仪器分析教学之急需，高鸿院士潜心编写了我国第一部《仪器分析》教材，开创了我国仪器分析教育的先河。他编撰的《极谱电流理论》是我国第一部极谱理论专著，并于1988年荣获国家优秀图书一等奖；《示波极谱滴定》《示波滴定》和《示波药物分析》等是世界上示波分析领域的第一批专著，其中《示波滴定》获得高等教育优秀学术著作特等奖。他用辩证的观点思索"分析化学研究什么特殊矛盾"，并多次在国家科学规划会议和全国性学术会议上阐述分析化学学科的发展趋势，推动了我国分析化学学科的发展。20世纪末，高鸿院士在分析化学前沿与教育座谈会上作了"分析化学现状与未来"的主题报告。该报告与其他二十多个报告汇集成《分析化学前沿》一书，已成为我国分析化学界迎接21世纪挑战的指南。

高鸿院士为我国电化学和电分析化学的基础理论和应用研究做出了卓越贡献，享誉世界。他发表科学论文300余篇，其科研成果多次荣获国家自然科学奖，并荣获2002年"何梁何利基金科学与技术进步奖"。他圆满地解决了球形电极扩散电流公式的验证问题，解决了极谱分析中长期悬而未决的问题。他提出了球形汞齐电极的扩散电流公式，并进行了验证。他提出一种测定金属在汞内扩散系数的新方法，并据此测定了16种金属在汞内的扩散系数，澄清了学术文献上数据混乱的局面。他推导出一系列极谱电流公式（特别是催化电流理论），并进行了验证，解决了近代极谱分析中的一些重要基础理论问题，近代极谱分析基础研究相关成果先后获1978年全国科学大会奖和1982年国家自然科学三等奖。他首创了新的电分析技术——示波分析，并将其开辟成一个新的分析领域。该技术推广应用于化学分析、药物分析等领域，取得了极大成功。示波滴定相关研究成果先后获1986年国家教委科技进步二等奖和1991年国家自然科学三等奖。

高鸿院士从事化学教育工作60年，辛勤耕耘，教书育人，诲人不倦，他把自己的全部精力献给了中国的科学教育事业。教育部1990年赠给他的石刻上写着"老骥伏枥，志在千里，桃李不言，下自成蹊"，表彰了他的功绩。

参考资料

[1] 高鸿，张长庚. 悬汞电极的研究 V. 金属在汞中的扩散. 南京大学学报（自然科学版），1965（03）：66-76.

[2] 高鸿. 分析化学前沿. 北京：科学出版社，1991.

1.13 分析化学家周同惠院士

周同惠,我国著名分析化学家,1924年11月8日生于北京,籍贯广西桂林。1944年毕业于北京大学化学系。1952年获华盛顿大学博士学位,1991年当选为中国科学院学部委员(院士),中国医学科学院药物研究所研究员,主要从事药物分析与中草药活性成分分析的基础研究,开展药物代谢及代谢产物的鉴定与分析方法的研究。

周同惠院士

周同惠院士出生在家教甚严的书香门第。他三岁时即开始识字、写字,不足五岁即入北平师范大学附属平民小学读书。1934年考入北平师范大学附属中学，初一的劳作课和初二的化学课对他很有吸引力，在化学课上，老师制备氧气、氢气等的示范实验更让他着了迷。因此在初二时，在家里因陋就简地建立了一个小小的化学实验室。初三有化学工艺课程，在学校实验室里曾经制备过牙膏、肥皂、冷霜、雪花膏、电池、蜡烛等生活用品，引起了他更大兴趣。这些既结合实际又能培养动手实践能力的课程，奠定了他将来读化学专业的基础。

1955年7月克服重重阻力学成回国，同年9月到卫生部中央卫生研究院药物学系（后为药物研究所）工作。历任副研究员，研究员，博士生导师，分析研究室主任。他回国后的前几年里，国内的实验条件比较差，许多领域还处于空白状态。为了迅速提高我国药物分析研究工作水平，他克服了重重困难，积极开展了一些新技术新方法在合成药和中草药有效成分分析中的应用。

20世纪60年代初，他在负责分析室工作时，制定了分析室两大发展方向：（1）中草药有效成分分析方法的研究；（2）新技术新方法在药物分析中的应用。他始终坚定不移，满怀信心地领导全室向着这两个目标探索和前进。经过多年的努力，建立了四十多种中草药活性成分及合成药物的现代仪器分析方法和质量控制方法。他所领导的研究室在这两方面已具有一定的规模和特色，结出丰硕成果，在我国药物分析与中草药活性成分分析方法学研究方面处于前列。

周同惠开拓的另一个领域是兴奋剂检测工作。1984年，亚奥理事会决定1990年在中国北京举办第十一届亚洲运动会。按照规定，中国必须承担运动员兴奋剂检测任务。1985年，国家体委决定筹建中国自己的兴奋剂检测实验室。按照国际奥委会的规定，这个检测实验室需在1989年通过国际奥委会医学委员会的考试并得到承认，才有资格在亚运会时从事兴奋剂检测工作。国家体委为此曾与北京不少单位联系，希望能取得帮助，共同建立此实验室。但由于此项工作难度太大，各单位均不愿承担。1986年夏，周同惠毫不犹豫地接受了这个任务。从1986年10月开始，他带领药物研究所分析室一些科研骨干和国家体委体育科学研究所的有关同志一道，开始了兴奋剂检测中心的筹建工作。他担任兴奋剂检测中心主任，亲自过问人员挑选、分组安排、查阅文献、收集对照标准品和服用药物的阳性尿、研究分析检测方法、订购试剂及安装调试仪器等一系列工作。到1988年底，经过全体同志的共同努力，在两年多的时间内就建立起刺激剂、麻醉镇痛剂、β-阻断剂、甾体同化激素和利尿剂5大类100种禁用药物的分析检测方法。经过多次测试，1989年12月8日国际奥委会正式承认中国兴奋剂检测中心为合格的实验室。于是，中国成功地建成了世界上第20个、亚洲第3个、第三世界第1个兴奋剂检测实验室。这不仅意味着中国在兴奋剂检测这个高科技领域已占有一席之地，同时也意味着在第十一届亚运会期间，中国可以独立承担兴奋剂检测工作，并能承担包括奥运会在内的一切国际比赛的兴奋剂检测任务。这项工作填补了中国的一个空白，为国家节约了几十万美元，同时也培养出了一批年轻的科研人才。为此，中国兴奋剂检测中心于1990年4月13日受到了卫生部、国家体委和北京市政府的联合嘉奖。1991年，周同惠领导的兴奋剂检测研究获国家体委科技进步特等奖。

参考资料

[1] 韩峰. 周同惠院士：我国兴奋剂检测的奠基人. https://new.qq.com/rain/a/20200325a0ove700，2020-03-25.

1.14 阿伦尼乌斯与电离理论

阿伦尼乌斯（Arrhenius Svante August，1859—1927），瑞典化学家。1859 年 2 月 19 日生于乌普萨拉，1927 年 10 月 2 日卒于斯德哥尔摩。17 岁时入乌普萨拉大学主修化学。

阿伦尼乌斯

年轻的阿伦尼乌斯刻苦钻研，具有很强的实验能力，长期的实验室工作，养成了对任何问题都一丝不苟、追根究底的钻研习惯。因而他对所研究的课题，往往都能提出一些具有重大意义的假说，创立新颖独特的理论。

1878 年阿伦尼乌斯毕业后留校。后去斯德哥尔摩瑞典皇家科学院学习测量溶液电导，准备博士论文。当时只有化学家 W. 奥斯特瓦尔德支持他的观点，他因此才能留校并任讲师。

1883年，34岁的阿伦尼乌斯在前人的基础上研究溶液导电性。质疑由法拉第1834年提出的溶液中"离子是在电流的作用下产生的"观点，提出新的电离理论的基本观点："由于水的作用，电解质在溶液中具有两种不同的形态，非活性的分子形态，活性的离子形态。溶液稀释时，活性形态的数量增加，所以溶液导电性增大"。基于此观点，他先后于1883年和1887年发表了两篇论文——《电解质的导电性研究》和《关于溶质在水中的离解》，内容为酸、碱、盐在水溶液中自动地部分离解为带不同电荷的离子，而不需要借助电流的作用产生离子。在无限稀释的溶液中，电解质接近百分之百离解。不同电解质在水溶液中的离解程度是不一样的，离解程度可用电离度表示，它是溶液中已经电离的电解质分子数占原来总分子数（包括已经电离和尚未电离的）的百分数。阿伦尼乌斯电离理论发表后，遭到大多数科学家的反对，但是阿伦尼乌斯并未因此而灰心，他坚持认为他的观点是正确的，为此努力寻求科学家的支持。在进行了深入的理论分析后，他找到克莱夫教授，希望得到支持和帮助。"纯粹是胡说八道。"克莱夫教授毫不客气地批评道，并认为他把"鼻子伸进不该去的地方"。"他是在让我明白，要他再细听这滑稽可笑的议论，就要降低他的身价了"。若干年后，阿伦尼乌斯如此回忆教授的嘲讽。但这并未令阿伦尼乌斯灰心。他坚持按自己的研究准备博士论文答辩。

1884年5月，乌普萨拉大学博士学位答辩会举行。他宣读完论文后，教授们"个个怒不可遏"，难以容忍这种"荒谬绝伦"甚至"纯粹是空想"的理论。在同克莱夫"激烈辩论"后，他的论文被评为3级，需要再次答辩。而答辩次日，阿伦尼乌斯便把论文寄给了奥斯特瓦尔德等欧洲最著名的研究溶液的四位化学家，获得了他们的支持。

但阿伦尼乌斯在发表的论文里公开提出的电离学说，却违背了戴维和法拉第所建立的经典电化学理论这一当时的金科玉律。这引起了国际化学界的猛烈攻击。"奇谈怪论""不值一提"等词语，被英、德、法、俄等国的化学家，一股脑抛给了阿伦尼乌斯。为首者就是以发现元素周期律而享有极高声誉的俄国化学家门捷列夫，还有受人尊敬的德国化学家魏德曼。

不过，这个在化学家帕尔美看来"特别好斗又温厚"的瑞典人，最终笑到了最后。在阿伦尼乌斯的不懈努力下，电离学说最终被人们所接受。电离理论的创建，是阿伦尼乌斯在化学领域最重要的贡献。

参考资料

[1] 应礼文. 阿累尼乌斯与电离理论. 大学化学，1987（05）：57-61.

[2] 李冠成. 关于电离理论的发展. 淮海工学院学报，1998（1）：76-78.

1.15 共产主义化学家肖莱马

卡尔·肖莱马（Carl Schorlemmer，1834—1892），德国共产主义者，化学家。伟大的革命导师恩格斯这样称赞他："这位朋友既是一位优秀的共产主义者，又是一位优秀的化学家。"1834 年 9 月 30 日出生于达姆塔特城的一个木匠家庭。1850 年肖莱马来到一所职业学校接受教育，1853 年就因家境困难而辍学。他非常喜欢化学，为此他来到一家药房当学徒。他勤奋好学，很快成为药剂师的得力助手。1856 年他来到海德堡一家药店当配药助手，在海德堡大学，著名的化学家罗伯特·威廉·本生（Robert Wilhelm Bunsen）正在主讲化学，肖莱马想方设法去旁听本生的演讲。本生的精湛实验演示和生动的报告使肖莱马更向往化学，这时候他暗下决心，一定要成为一名化学家。

卡尔·肖莱马

1859 年，肖莱马来到英国，经人介绍认识了革命导师马克思、恩格斯。频频的来往使他们很快成为亲密的朋友。在马克思、恩格斯的直接影响下，肖莱马开始研究科学社会主义，学习马克思的经济学说和历史理论，政治觉悟提高很快。在马克思、恩格斯与各种机会主义流派的斗争中，肖莱马始终坚定地站在马克思、恩格斯一边。肖莱马生前未曾结婚，他把全部精力都扑在事业上，同时他还把他的大部分收入捐献给党和生活有困难的同志，在党内赢得很高的威信。恩格斯高度地赞扬了肖莱马的高尚品质，说："这真是我长期以来认识的最好的人中的一位。"[1]

肖莱马对有机化学发展最主要的贡献是对脂肪烃的系统研究。从 1862 年起，他从煤焦油和石油中先分离出戊烷、己烷、庚烷和辛烷，仔细地测定了这些脂肪烷烃的沸点等物理常数，分析了它们的元素组成，并通过测定其蒸气密度求出分子量。随后他继续对甲烷、乙烷、丙烷、丁烷直到辛烷都作了深入研究。这种系统的基础的研究，极大地丰富了人们对脂肪烃的认识。在他以前，化学家只对个别的、最简单的几种烷烃进行过研究，人们对脂肪烃的认识是零散和无规律的。正是肖莱马开创了脂肪烃，包括高级烃在内的系统研究，可以说今天我们对脂肪烃的有关知识，最初就是由肖莱马提供的。

肖莱马实验测定了有机化合物同系物的沸点，总结出沸点变化规律，发现了 C_nH_{2n+2} 系列碳氢化合物的沸点定律。该定律指出烷烃分子随着碳原子的增加，沸点逐步升高，直链烷烃与具有同样碳原子数的支链烷烃相比，具有更高的沸点。这一定律清楚地说明有机物性质与其结构之间存在内在的联系，即有机物的性质受其化学结构所制约。此外肖莱马在脂肪醇方面的研究也取得很大的成绩。他发现了将仲醇转变成伯醇的普遍反应，有人称这类反应为肖莱马反应。

作为化学家，肖莱马有与众不同之处，这就是他在研究化学时，能自觉地应用唯物辩证观点来观察和思考。他用量变到质变的规律去解释烷烃中的同系物现象。他从有机合成的成就和发展趋势预见了人工合成蛋白质的未来远景。特别是他运用了唯物史观认真地研究了化学史，在 1879 年用英文发表的著作《有机化学的产生和发展》就是他的一次尝试和一项重要成果。

通过化学史的研究，肖莱马明确地指出："化学的发展是按辩证法规律进行的。"当深受化学传统中的经验论影响的德国化学家柯尔贝反对荷兰化学家范特霍夫提出的立体化学学说时，肖莱马立即表明自己支持立体化学学说的立场，明确指出：为发展自然科学，就需要有新的假说；要建立新的假说，就需要理论思维。假说有的可能是错的，有的经受了实践的检验就能成为科学的理论。化学家离开了理论思维，单靠实验是不能成为好的化学家的。在强调理论思维的重要性时，肖莱马又指出，不要把现有的理论当作教条，因为它也要按辩证法规律不断发展。当新的实验事实与现有理论发生矛盾时，首先应尊重事实，提出新的假说。

肖莱马特别注意用马克思主义哲学观点来考察自然科学的理论问题。他在欧文斯学院还专门开设了化学史和化学哲学两门课，这两门新课深受学生们的欢迎，因为从中他们得到的不仅是知识，而是智慧和思想的启示。从恩格斯1873年5月30日致马克思的信中，可以知道肖莱马参与讨论了恩格斯的《自然辩证法》的写作计划。肖莱马在信纸边上写上了批注，表示他完全同意恩格斯提出的自然科学的对象是运动着的物体，物体和运动是不可分割的，自然科学只有通过物体的联系及其运动来考察，才能认识物体的辩证关系。由此可见肖莱马和马克思、恩格斯的亲密关系，实际上肖莱马是马克思、恩格斯研究科学问题的顾问。[2]

参考资料

[1] 潘吉星. 关于卡尔·肖莱马的一批新的档案资料及其考证与述评. 自然科学史研究，1985（04）：363-376.
[2] 王治浩.《卡尔·肖莱马》评介. 化学通报，1987（04）：000061-61.

1.16 侯德榜与联合制碱法

侯德榜，1890年8月9日生于福建省闽侯县坡尾乡，1913年到美国，先后在麻省理工学院、纽约普拉特专科学院和哥伦比亚大学学习化工，1921年10月，在爱国实业家范旭东的邀请下毅然回国，加入范旭东创办的永利碱厂。他是我国第一位制革博士，中国化学工业奠基人之一，制碱工业权威，著名科学家。他从"科学救国"的愿望出发，为振兴中国化学工业奋斗了一生。他发明的"侯氏碱法"推动了中国及世界化学工业的进步。科学界称誉他为"科技泰斗，士之楷模"。

纯碱，也就是 Na_2CO_3，一直是生产生活离不开的化学物质。在工业制备手段成熟前，人类主要从盐湖和草木灰当中获取纯碱。18世纪下半叶，欧洲现代纺织业兴起，棉纱在染色和印花之前，需要用纯碱洗涤。纯碱需求量快速上升，天然碱不够用了。1775年，法国国王路易十六拿出真金白银，奖励第一个解决工业制碱问题的人。

法国医师尼古拉斯·路布兰，率先成功研究出通过食盐 NaCl 制纯碱的工艺，堪称化学工业的重要里程碑。不过，该制碱方法对反应温度要求很高、煤需求量大、工人劳动强度也很大。

1862年，比利时化学家索尔维（E. Solvay，1838—1922）发明了"氨碱法"，也称"索氏制碱法"，以食盐、氨、二氧化碳为原料制取碳酸钠，从而开启了制碱新时代。

$$NaCl+NH_3+CO_2+H_2O = NaHCO_3\downarrow+NH_4Cl$$

产物里的 $NaHCO_3$ 加热一下，就得到纯碱 Na_2CO_3。

索氏法产量高、质量优、成本低、能连续生产。但也有缺陷：

首先，原料 NaCl 的利用率只有 70%。

其次，在那个年代，合成氨工业还不成熟，原料氨（NH_3）是非常稀有的物资。为了降低成本，必须把产物里的氯化铵 NH_4Cl 恢复成 NH_3，循环利用。索尔维于是让 NH_4Cl 与氢氧化钙 $Ca(OH)_2$ 反应，生成氯化钙 $CaCl_2$。$CaCl_2$ 是一种易溶于水的废渣。

此后，英、法、德、美等国相继建厂生产纯碱，对其他国家进行技术封锁。20 世纪初之前，除了来自内蒙古的"口碱"（盐湖天然碱），中国只能向英国卜内门公司购买"洋碱"。一战期间，由于交通不便，我国纯碱进口缺乏，严重制约了以纯碱为原料的民族工业。

1917 年，早年毕业于日本京都大学化学系的民族工业家范旭东先生为了打破洋人对纯碱的垄断，在天津塘沽创办了永利制碱公司。1921 年，侯德榜从美国学成归国，被范旭东先生聘为永利制碱公司技师长，全面负责索尔维制碱技术攻关工作。1924 年，塘沽碱厂正式投产。

1926 年，永利碱厂在侯德榜的领导下，突破了技术和经济上的重重阻碍，终于仿制出了纯度在 99% 以上的纯碱，从此，"红三角"牌纯碱行销国内外。1928 年 8 月，永利制碱厂在美国费城万国博览会上展出了"红三角"纯碱，获得大会金质奖章。从此声誉日盛，迫使卜内门签订在日本代销"红三角"纯碱的协议，允许中国加入商业联盟，把中国碱销往日本、朝鲜等国。不仅如此，侯德榜先生还把他十余年的制碱经验和研究成果著成英文专著《制碱》（Manufacture of Soda），书中将氨碱法工业的全部理论和技术秘密以及美国各大碱厂的内部技术公之于世，打破了帝国主义的垄断，大长了中国人的志气。

1937 年抗日战争爆发，永利碱厂被迫迁往四川省西南部的五通桥。但是五通桥一带的卤水浓度低，盐价昂贵，加之在该地区排放废液也有困难，若再使用索尔维制碱法，生产就无法维持，为此必须研发新的制碱方法。1939 年，经历了 500 多次失败，分析了 2000 多个样品，侯德榜先生基本摸清了制碱新法的工艺条件。1941 年，扩大试生产进展顺利，确立了制碱新法的成功。1941 年 3 月 15 日，在永利川西化工厂的厂务会议上，总经理范旭东亲自提议命名新的制碱方法为"侯氏制碱法"。1942年，侯氏制碱法进行连续试生产。1943年，中国化学会公布了侯氏制碱法，现又称联合制碱法。但是，当时正值抗日战争期间，入川交通堵塞，侯氏制碱法的扩大生产实践被迫停止。中华人民共和国成立后，重工业部组织侯德榜等专家研究大连化学厂和大连碱厂的生产恢复问题，他们发现这两个厂生产上"南碱北氨"，位置上隔墙相邻，具备推广侯氏制碱法的有利条件。1950年，侯德榜先生以重工业部技术顾问身份，组织日产10吨的侯氏制碱法扩大生产实践。

侯氏制碱法将合成氨和氨碱法两种基本化学生产方式结合起来，将原料空气（N_2，O_2）、水（H_2O）、煤（C）、食盐（NaCl）转化为碳酸钠（Na_2CO_3）和氮肥（NH_4Cl），因此又称联合制碱法，工艺如下。

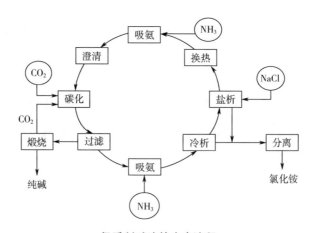

侯氏制碱法的生产流程

侯氏制碱法主要包括两个过程：第一个过程与索尔维制碱法相同，即将氨气融入饱和食盐水制成氨盐水，再通入二氧化碳生成碳酸氢钠沉淀，经过滤、洗涤、煅烧得到纯碱，此时滤液含有氯化铵和氯化钠。第二个过程是从滤液中沉淀氯化铵制成氮肥，即利用氯化铵（NH_4Cl）与氯化钠（NaCl）的溶解度随温度变化规律不同。当温度大于10℃时，NH_4Cl的溶解度比NaCl的大；而当温度小于等于10℃时，NH_4Cl的溶解度比NaCl的小。侯德榜先生利用索尔维制碱法滤出碳酸氢钠母液（其中含有 NH_4Cl 和未反应的约占原料 30% 的 NaCl），继续加入磨细的食盐粉（NaCl），并在 30~40℃下通入氨气，待溶液饱和后冷却至 10℃以下。这时，后加入的 NaCl 提供的氯离子产生同离子效应，再加上低温，使下列平衡向左移动：

$$NH_4Cl（固）=NH_4^+ + Cl^-$$

这时 NH_4Cl 结晶析出，滤液中的 NaCl 基本饱和，并可循环使用。侯氏制碱法提高了食盐的利用率，缩短了反应流程，减少了对环境的污染，克服了氨碱法的不足，同时实现了氮肥氯化铵的联产，降低了纯碱的成本，具有显著的节能效果。

侯氏制碱法的诞生历时多年，经历了生产"红三角"牌纯碱、写出《制碱》巨著、最终创制完成侯氏制碱法的过程。在中华民族艰苦的抗日战争中，研制成功中国人自己的制碱法，不仅是中华民族的荣耀，更是制碱工业史上一座光辉灿烂的丰碑。"侯氏制碱法"将世界制碱技术推向了一个新的高度。

参考资料

[1] 高苏. 中国制碱工业的先驱——侯德榜博士. 化学通报，1979（05）：79-86.
[2] 陈歆文. 侯德榜与侯氏碱法：献给建国 50 周年. 纯碱工业，1999（05）：57-64.
[3] 宋子成，于有彬. 责任所在 拼命为之——侯德榜和他的事业. 自然辩证法通讯，1980（02）：69-77.

1.17 环保事业的先行者蕾切尔·卡逊

"《寂静的春天》(Silent Spring)播下了新行动主义的种子,并且已经深深植根于广大人民群众中。她的声音永远不会寂静。她惊醒的不但是我们国家,甚至是整个世界。"这是美国前副总统阿尔·戈尔为《寂静的春天》再版作的前言。

蕾切尔·卡逊(Rachel Carson)出生于宾夕法尼亚州的斯普林达尔的农民家庭,1929年毕业于宾夕法尼亚女子学院,1932年在霍普金斯大学获动物学硕士学位。1936年她通过了严格的考试筛选,战胜了当时对妇女在行政部门工作的歧视,作为水生生物学家,成为渔业管理局第二位受聘的女性。她在美国渔业和野生动物管理委员会期间写了大量的关于环境保护方面的文章并编辑了许多科学文献,先后出版了《海风的下面》和《我们周围的海洋》等著作。

蕾切尔·卡逊

1958 年，卡逊接到她某位朋友的一封信，信中提到，在 1957 年夏天，州政府租用的一架飞机为消灭蚊子喷洒 DDT 时，飞过他们家私人禽鸟保护区，第二天，她发现许多鸟儿都死了。她问卡逊是否能找政府中的什么人帮忙，以免再次发生类似的喷洒事件。

这里所说到的 DDT，是由科学家在 1874 年合成的一种名为"双对氯苯基三氯乙烷"的化学物质，但直到 1939 年，瑞士化学家米勒才发现这种物质可以作为非常有效的杀虫剂。此时，正赶上第二次世界大战，在战争期间，为防止瘟疫，大量的 DDT 被使用，拯救了众多的生命。而且，这种杀虫剂也被广泛地用于日常生活中的杀虫，特别是用来有效地控制和预防蚊虫带来的疟疾，也被用于农业，以防止农业病虫害，并带来了农作物的大幅度增产。但此时人们却还没有意识到，DDT 的使用还会带来另外一些意想不到的后果。

由于这封朋友的来信，再加上卡逊以前的经历，她觉得需要更多的调查，于是，经过几年的收集资料和研究，她写出了一系列的文章，先是在美国著名的《纽约客》杂志上连载发表，在此基础上，1962 年出版了《寂静的春天》。此书共有 17 章，从各个方面分别详细地讨论了 DDT 等农药的使用对自然环境的破坏。其中，因杀虫剂对鸟类的影响和危害，使得原本生机盎然的春天因鸟类的减少而变得"寂静"，也就成为此书标志性和代表性意象的标题。

卡逊的研究和观点，在当时是非常有前瞻性、反叛性和革命性的，一反当时人们沉迷于过度依赖科学技术发现和发明所带来的物质利益、经济利益和对生活的改善，将人们从这种沉迷中唤醒。而要公开地讲出这些与当时流行的观念颇为不同的新观点和新立场，又是需要极大勇气的。果然，从《纽约客》杂志刚发表了她系列文章的第一篇开始，就引起了巨大的反响。由于威胁到生产者的利益，一些农药公司甚至试图起诉《纽约客》杂志。在《纽约客》杂志拒绝妥协后，相关的产业界又采取了一系列的手段，包括对卡逊的人身攻击和诋毁，一些学者和官员也加入到反对和攻击卡逊的行列中。但另一方面，当时的美国总统肯尼迪的科学顾问就要求有关人员就此问题开展调查，立即拿出一份有关杀虫剂危害生态环境的最权威报告。

几经较量，最后，总统的科学顾问委员会公布了杀虫剂问题的报告，证明了卡逊观点的正确。此后，许多公司杀虫剂的生产、销售和使用受到严格的控制乃至禁用。《寂静的春天》这本著作也开始更加畅销，影响越来越大，成为了当代环境保护运动的导火索。1970年，以她的名字命名的"蕾切尔·卡逊全国野生动物保护地"在缅因州建立，1980年，美国总统卡特授予她"总统自由奖"，1981年，美国邮政部在她的出生地宾夕法尼亚州的斯普林格发行了一套"卡逊纪念邮票"。卡逊也因而成为最先唤醒人们环境保护意识的先驱者。

参考资料

[1] 李继宏，杨建邺. 蕾切尔·卡逊和她的《寂静的春天》. 自然杂志，2007.

[2] 习习. 蕾切尔·卡逊:《寂静的春天》唤醒人类. 环境教育，2004（2）: 52-53.

1.18　黄鸣龙与黄鸣龙还原

黄鸣龙，有机化学家，生于江苏扬州。曾任中国科学院上海有机化学研究所研究员。1924 年获德国柏林大学哲学博士学位。1955 年被选聘为中国科学院学部委员（院士）。黄鸣龙毕生致力于有机化学的研究，特别是甾体化合物的合成研究，为我国有机化学的发展和甾体药物工业的建立以及科技人才的培养做出了突出贡献。

黄鸣龙

1945 年，黄鸣龙应美国著名的甾体化学家 L. F. Fieser 教授的邀请去哈佛大学化学系做研究工作。一次在做 Kishner-Wolff 还原反应时，出现了意外情况，但黄鸣龙并未弃之不顾，而是继续做下去，结果得到出乎意料的高产率。于是，他仔细分析原因，又通过一系列反应条件的实验，终于对羰基还原为亚甲基的方法进行了创造性的改进。现此法简称 黄鸣龙还原法，在国际上已被广泛采用，是首例以中国科学家命名的重要的有机化学反应，已写入多国有机化学教科书中，并于 2002 年入选《美国化学会志》(J. Am. Chem. Soc.) 创刊 125 周年被引用最多的 125 篇论文之一。此方法的发现虽有其偶然性，但与黄鸣龙一贯严格的科学态度和严谨的治学精神是分不开的。

1952 年 10 月，黄鸣龙冲破美国政府的重重阻挠，趁应邀去德国讲学和做研究工作之机，摆脱跟踪，绕道欧洲辗转回国。黄鸣龙回国后的工作目标，主要是发展有疗效的甾体化合物的工业生产。当时，甾体激素药物工业已在世界上兴起，而我国还是一项空白。为了创立我国甾体激素药物工业，他带领一部分青年科技人员，开展了甾体植物的资源调查和甾体激素的合成研究。

1958 年，中国药学史翻开了新的一页。在黄鸣龙领导下，以国产薯蓣皂素为原料，成功合成了可的松。它不但填补了我国甾体工业的空白，而且使我国合成可的松的方法跨进了世界先进行列。在合成可的松基础上，许多重要的甾体激素如黄体酮、睾丸素、地塞米松等都在 20 世纪 60 年代初期先后投入生产。不久我国又合成了数种甾体激素药物。为此，当时作为资本主义国家王牌产品的可的松的价格不得不大幅下降。而我国的甾体激素药物也从进口变成了出口。当可的松投产成功，人们向黄鸣龙祝贺时，他满怀欢欣而又异常谦虚地说："我看到我们国家做出了可的松，非常地高兴，我这颗螺丝钉终于发挥作用了。"

从此，我国的甾体激素药物接连问世，药厂也接连投产，不管是原料资源，还是合成路线，黄鸣龙总是竭尽全力，精益求精，他还不辞辛劳，经常奔波于实验室和工厂之间。与此同时，黄鸣龙还亲自开课，系统讲授甾体化学，为祖国培养出一批甾体化学的专门人才。我国第一次甾体激素会议，也是在他的主持下召开的。因此，大家称黄鸣龙是我国甾体激素药物工业的奠基人，是我国甾体化学领域的开拓者。

1964 年，黄鸣龙领导研制的口服避孕药甲地孕酮获得成功，受到全世界关注。不到一年时间，几种主要的甾体避孕药物很快投入了生产，接着在全国推广使用。1978年全国科学大会上，由于为祖国甾体药物发展作出的突出贡献，他被选为中国科学院先进代表。1982年黄鸣龙等的"甾体激素的合成与甾体反应的研究"获国家自然科学奖二等奖。

参考资料

[1] 黄鸣龙，周维善. 近年来我国甾体化学的进展. 化学世界，1964（10）：435-444.
[2] 韩广甸，马兆扬. 黄鸣龙还原法. 有机化学，2009（07）：1001-1017.

1.19 居里夫人和钋元素

"我要把人生变成科学的梦,然后再把梦变成现实。"这句名言应该是居里夫人最好的人生写照。玛丽·居里(1867—1934),原名玛丽·斯克沃多夫斯卡(Marie Sklodowska),是波兰裔法国籍女物理学家、放射性化学家。与其丈夫共同发现了放射性元素镭,之后又发现了放射性元素钋。

玛丽·居里,1867年出生于波兰的华沙,高中毕业后,由于是女性,她不能在俄罗斯或波兰的任何大学继续进修,所以她做了几年的家庭教师。最终,在她姐姐的经济支持下移居巴黎,并在索邦(巴黎大学的旧名)学习数学和物理学。经过四年的努力后,玛丽于巴黎大学取得物理及数学两个硕士学位。在那里,她成为了该校第一名女性讲师。

玛丽·居里

玛丽·居里在索邦结识了另一名讲师——皮埃尔·居里（Pierre Curie），就是她后来的丈夫。1898年法国物理学家贝可勒尔（Henri Becquerel）发现含铀矿物能放射出一种神秘射线，但未能揭示出这种射线的奥秘。贝克勒尔发现的射线，引起了玛丽和她的丈夫皮埃尔·居里极大兴趣，射线的放射源在哪里？这种与众不同的射线的性质又是什么？居里夫人看到当时欧洲所有的实验室还没有人对铀射线进行过深刻研究，于是决心闯进这个领域。理化学校校长经过皮埃尔多次请求，才允许居里夫人使用一间潮湿的小屋作理化实验，在6℃的潮湿环境里，她完全投入到铀盐的研究中去了。

居里夫人受过严格的高等化学教育，她在研究铀盐矿石时想到，没有什么理由可以证明铀是唯一能发射射线的化学元素。她根据门捷列夫的元素周期律排列的元素，逐一进行测定，结果很快发现另外一种钍元素的化合物，也能自动发出射线，与铀射线相似，强度也相像。居里夫人认识到，这种现象绝不只是铀的特性，必须给它起一个新名称。居里夫人提议叫它"放射性"，铀、钍等有这种特殊放射功能的物质，叫作"放射性元素"。

矿物是否有放射性？在皮埃尔的帮助下，她连续几天测定能够收集到的所有矿物。她发现一种沥青铀矿的放射性强度比预计的强度大得多。经过仔细研究，居里夫人不得不承认，这些沥青铀矿中铀和钍的含量，不能解释她观察到的放射性的强度。这种反常的而且过强的放射性是哪里来的？只能有一种解释：这些沥青矿物中含有一种少量的比铀和钍的放射性作用强得多的新元素。居里夫人在以前所做的试验中，已经检查过当时所有已知的元素了。居里夫人断定，这是一种人类还不知道的新元素，她要找到它！

居里夫人的发现吸引了皮埃尔的注意，居里夫妇一起向未知元素进军。在潮湿的工作室里，经过居里夫妇的合力攻关，1898年7月，他们宣布发现了这种新元素，它比纯铀放射性要强400倍。为了纪念居里夫人的祖国——波兰，新元素被命名为钋（Po）。1898年12月，居里夫妇又根据实验事实宣布，他们又发现了第二种放射性元素，这种新元素的放射性比钋还强。他们把这种新元素命名为镭（Ra）。因为他们在放射性上的发现和研究，居里夫妇和亨利·贝克勒尔共同获得了 1903 年的诺贝尔物理学奖，居里夫人也因此成为了历史上第一个获得诺贝尔奖的女性。八年之后的 1911 年，居里夫人又因为成功分离了镭元素而获得诺贝尔化学奖。在居里夫人获得诺贝尔奖之后，她并没有为提炼纯净镭的方法申请专利，而是将之公布于众，这种作法有效地推动了放射化学的发展。

居里夫人是历史上第一个获得两项诺贝尔奖的人，而且是仅有的在不同领域获得诺贝尔奖的人之一。

参考资料

[1] 纪荷，尹平. 居里夫人：寂寞而骄傲的一生. 北京：九州出版社，2004.
[2] 周国忠. 素质教育的拓荒者：居里夫人. 世界文化，2008（05）：18-19.

1.20 锂电池和古德纳夫

2019年10月9日,诺贝尔化学奖发布,授予了约翰·班宁斯特·古德纳夫(John. B. Goodenough)、斯坦利·惠廷汉姆(Stanley Whittingham)和吉野彰(Akira Yoshino),表彰他们为锂电池的发展所作的贡献。

美国得州大学奥斯汀分校的古德纳夫教授是钴酸锂、锰酸锂和磷酸铁锂正极材料的发明人,被誉为"锂电池之父"。他也是目前为止获得诺贝尔奖年龄最大的科学家。

约翰·班宁斯特·古德纳夫

1940年,古德纳夫考上了耶鲁大学,学习古典文学专业,而后又转攻哲学专业,最后古德纳夫又转向了数学的怀抱,并且最终以优异的成绩毕业,获得数学学士学位。二战之后,古德纳夫于1952年在芝加哥大学获得固态物理博士学位，并在之后进入麻省理工学院林肯实验室。1976年，古德纳夫进入牛津大学任教授并作为无机化学研究负责人。在这里，他的研究领域转到了电池。

就在他上任的那一年，以英国化学家斯坦利·惠廷汉姆为核心的埃克森石油公司电池技术实验室和因发明晶体管而名扬天下的贝尔实验室纷纷在电池技术研究开发上取得重大突破，特别是埃克森公司取得了世界上第一个锂电池的发明专利，但是因为当时的正极材料使用的硫化钛，电化学性能极不稳定，在充电过程中非常容易起火爆炸，因此也不被资本方看好，双方的工作一度陷入困境。

但古德纳夫凭借自己的研究，敏锐地感觉到通过氧化物电极或许能解决锂电池爆炸的问题。于是顺着这个方向，古德纳夫的研究团队进行了长达4年的研究，终于发现了一种名为钴酸锂的新材料。钴酸锂，属于一种层状材料。所谓的层状是指钴和氧原子的结合更紧密，形成正八面体平板，锂原子层就镶嵌在两个平板之间。正因如此，这种钴酸锂可以取代金属锂，作为电池中锂离子的提供者。而且，这种氧化物可以提高电池的使用电压，从而提升电池储存的电量。更为重要的是，钴酸锂对空气等不敏感，在金属锂这个发疯的公牛面前，钴酸锂乖巧得如同得到了棒棒糖的小孩，是一种安全系数很高的电极材料。

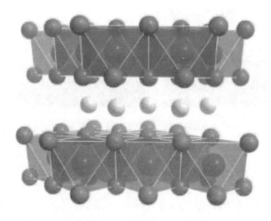

钴酸锂正八面体的平板结构

高性能，低成本，安全性好，这种锂离子电池一经问世立刻受到了欢迎，帮助索尼一跃成为行业老大。钴酸锂也使得古德纳夫一跃成为炙手可热的化学家。

随着时间的推移，技术的突破，钴酸锂结构不稳定的问题日益显露，逐渐无法满足市场需求。1986 年，当大家都以为古德纳夫准备在德州安心养老时，却发现他并没有因此停下研究的脚步。谁都没发现他已经将目光转向了另一个材料，并在 1997 年成功发明了磷酸铁锂电极新材料，使得锂电池拥有了更低的成本和更可靠的稳定性，为锂电池的商业化打破了技术障碍。

2019 年，为了提高动力电池的安全性和稳定性，已经 97 岁高龄的他再度出山，全力投入到全固态电池的研究工作当中，并且仍有重要的作品和成果发布。

他几乎得到了一个科学家能得到的所有荣誉。但是，古德纳夫从来没觉得自己已经 good enough 了，他只是不断收集线索，继续向前。

参考资料

[1] 高荣伟. "锂电池之父"古迪纳夫的传奇人生. 世界文化，2020，No. 307（03）：15–18
[2] Brittany Britto，刘宗亚. 得克萨斯大学教授约翰·B. 古德纳夫获得诺贝尔化学奖. 英语文摘，2019（12）.

1.21　卢嘉锡院士与小数点的故事

假如设计一座桥梁，小数点错一位可就要出大问题、犯大错误，今天我扣你3/4的分数，就是扣你把小数点放错了地方。1933年，在一次随机的考测之后，区嘉炜教授这样开导卢嘉锡，他显然注意到自己最喜欢的这个大学三年级的学生对老师的评分有点想不通。

卢嘉锡院士

区教授教的是物理化学，平时挺喜欢考学生，评分也特别严格。这回出的考题中，有道题目特别难，全班只有卢嘉锡一个人做出来，可是因为他把答案的小数点写错了一位，那道题目教授只给了 1/4 的分数。如何才能避免把小数点放错地方呢？在理解了教授的一片苦心之后，卢嘉锡思索着。

从此以后，不论是考试还是做习题，他总要千方百计地根据题意提出简单而又合理的物理模型，从而毛估一个答案的大致范围（数量级），如果计算的结果超出这个范围，仔细检查一下计算的方法和过程。这种做法使他有效地克服了因偶然疏忽引起的差错。

善于总结学习方法的卢嘉锡后来走上了献身科学的道路，他发现从事科学研究同样需要进行毛估，或者说进行科学的猜想，不过那是一种更高层次的思维活动，因为探索未知世界比起学习和掌握现成的知识要艰巨复杂得多。在形成科学上的毛估方面，他首先得益于留心揣摩他的导师、后来两度荣获诺贝尔奖（化学奖与和平奖）的鲍林教授的思维方法。

结构化学是一门在分子、原子层面上研究物质的微观结构及其与宏观性质之间相互关系的新兴学科，不过当时的研究手段还处在初级阶段，通常，科学家们需要花费很大的力气才能弄清楚某一物质的分子结构。卢嘉锡注意到，鲍林教授具有一种独特的化学直观能力：只要给出某种物质的化学式，他往往就能大体上想象出这种物质的分子结构模型。鲍林教授靠的是一种毛估，我为什么就不能呢？在反复揣摩之后，卢嘉锡领悟到：科学上的毛估需要有非凡的想象力，而这种想象力只能产生于那些拥有扎实的基础理论知识和丰富的科研实践经验、训练有素而善于把握事物本质和内在规律的头脑，于是，他更加勤奋刻苦，孜孜以求。

1973 年，国际学术界对固氮酶活性中心结构问题的研究还处在朦胧状态，当时的科学积累距离解开固氮酶晶体结构之谜还有相当一段路程。然而正是在这个时候，卢嘉锡在组织开展一系列实验研究的基础上，就提出了固氮酶活性中心的原子簇模型，也就是人们所说的福州模型。它的样子像网兜，因而又称之为网兜模型（后来又发展出孪合双网兜模型）。四年以后，国外才陆续提出原子簇的模型。

时至 1992 年，实际的固氮酶基本结构终于由美国人测定出来，先前各国学者所提出的种种设想都与这种实际测定的结构不尽相符。猜想与事实之间总是有些距离的，然而作为世界上最早提出的基本模型之一——19年前卢嘉锡提出的模型，在网兜状结构方面基本上近似地反映了固氮酶活性中心所具有的重要本质，他的毛估本领不能不让人由衷叹服！

长期的科研实践，使卢嘉锡特别重视毛估方法的运用，他常常告诫他的学生和科研人员：毛估比不估好！他希望有幸献身科学的人们，在立题研究之初就能定性地提出比较合理的基本结构模型，这对于正确地把握研究方向、避免走弯路是很有意义的。但他同时提醒大家：运用毛估需要有科学的前提，那就是全面地把握事物的本质，否则，未得其中三昧，那毛估就可能变成瞎估。

参考资料

[1] 卢嘉锡. http：//cpc.people.com.cn/daohang/n/2013/0226/c357210-20603059.html.

[2] 闽西人物——卢嘉锡. http：//www.longyan.gov.cn/sqk/lybk/mxrw/201809/t20180906_1349727.htm.

1.22 分析化学家汪尔康

半个多世纪以来,汪尔康院士对我国电分析化学领域产生了重要且深远的影响。但出人意料的是,这位中科院院士对科学的热爱和追求,是从做旁听生开始的。

汪尔康,1933年5月4日出生于江苏镇江,分析化学家,中国科学院学部委员,发展中国家科学院院士,中国科学院长春应用化学研究所研究员、原所长。

汪尔康院士

汪尔康的童年时代，正值日本侵略中国、中国军民奋起反抗的年代。其父誓不为日本侵略者服务，全家失去了经济来源。汪尔康贫寒的家境和强烈的求知欲打动了"镇江立人学堂"的教书先生，随后学堂破例允许汪尔康做些扫地、打水、擦桌椅等杂活，以换取旁听资格。

学堂先生是个崇尚科学的人，他常常在学生面前讲："电灯怎么会亮？留声机怎么会响？这都是科学发明的结果。"先生的引导为汪尔康幼小的心灵打上了深刻的烙印。他憧憬着自己将来也能成为有发明、能创造的科学家。

凭着天赋和刻苦，汪尔康在未满16岁时考入上海沪江大学理学院化学系。在校期间，黄浦江畔旖旎的校园风光和多彩的校园活动从未让汪尔康多停留一秒，他惜时如金，把时光全部用在了学习上。

1952年大学毕业后，在很多同学都留在南方的大趋势下，年仅19岁的汪尔康积极响应党的号召，毅然来到条件艰苦、满目疮痍的东北，来到中科院长春应用化学研究所，从此踏上60多年的科研之路。

新中国成立后，汪尔康赴捷克斯洛伐克科学院极谱研究所留学，师从著名分析化学家、诺贝尔化学奖得主海洛夫斯基教授，主攻当时新兴的、中国科技界少有人问津的极谱学。在布拉格，汪尔康仅用三年时间便取得了常人要四五年才能拿到的副博士（哲学博士）学位。

留学期间，他首次提出"阴离子促使汞电极氧化产生出极谱氧化波的普遍规律"和"与汞形成配合物和形成汞盐膜"的理论。海洛夫斯基在与我国极谱学先导韩祖康教授的通信中，多次称赞汪尔康聪明、刻苦、成绩优秀。这位著名的老科学家满怀深情地预言：中国的科学事业将在新一代手中前途无量。

1959年，汪尔康以获得副博士学位的荣誉，结束了在国外的学习生活，婉言谢绝了导师的再三挽留，回到了日夜思念的祖国。归国后，汪尔康把目光聚焦在电分析仪器的研发上。20世纪70年代中期，他研制成功我国第一台大型脉冲极谱仪，其分析灵敏度和稳定性均达当时国际的领先水平。80年代后又首创多功能新极谱仪，并获得国家新产品金龙奖。他先后研制成功经典极谱仪、各类示波极谱仪、方波极谱仪、示波/方波极谱仪、脉冲极谱仪、循环伏安仪、电位溶出伏安仪、四电极系统循环伏安仪、线性电流扫描伏安仪和水质检测仪等。

针对我国环境保护监测以及人民健康、生命科学等诸多领域中的重大分析问题，从20世纪末，汪尔康就开展了"毛细管电泳/电化学发光检测仪"的研发。他创新性地将毛细管电泳的分离技术与电化学发光检测技术相结合，在此基础上，成功地将毛细管电泳分离和电化学发光检测各自特点集为一体，研制出国际首创、具有我国自主知识产权的毛细管电泳/电化学发光检测仪。

几十年来，汪尔康为培养中国年轻科技人才倾注了满腔心血。他甘作人梯、铺路石，不管科研任务有多重，总是要挤出时间编写教材，亲自讲授。

参考资料

[1] 汪尔康. 21世纪的分析化学. 北京：科学出版社，1999.
[2] 章咏华，汪尔康. 电化学分析. 分析试验室，1993，000（005）：81.

1.23 我国第一位生物化学女院士——张树政

张树政（1922年10月22日—2016年12月10日），河北束鹿人，著名生物化学家。张树政是我国第一位生物化学领域的女院士，也是为数不多的我国自主培养的资深科学家，她是我国酶工业领域的先驱，也是我国糖生物学的奠基人之一，创办了我国第一个糖工程实验室。

张树政院士

张树政出生在书香门第，祖父是清朝最末一榜进士，父亲曾就读于北京大学法学院。1931年，九岁的张树政随父母来到北京读小学，后以优异的成绩被保送到国立北京女子师范学院附属女子中学。1941年，张树政以优异成绩考入了燕京大学化学系。在入学后不久，时任燕京大学女部主任龚兰贞就问张树政为什么要学化学，"中国贫弱，要发展工业才能富强，我将来要到化工厂工作。"听到这样的回答，龚兰贞说："你知道有哪个工厂乐意用女工作人员呢？""最好还是转入家政系学习吧，避免与男人竞争！"张树政听到之后非但没有动摇，反而愈发坚定了竞争的决心。在她收藏的成绩单中可以看到，一年8门功课中有6门成绩为甲等。

20世纪50年代初，张树政在重工业部综合工业试验所任技师时，在开展丙酮丁醇研究方面得到中国工业微生物的奠基人方心芳先生的指导。1954年1月，方心芳将张树政调入了中国科学院菌种保藏委员会。在菌种保藏委员会张树政曾参与筛选了一批糖化酶活性很强的曲霉菌种，应用在酒精生产中，提高了酒精产量，节约了粮食，这些菌种很长时间内曾是我国酿酒和酒精行业应用的首选菌种。

1957年张树政和她的同事们克服困难，自制电泳仪，分析比较了我国酒曲中不同种曲霉淀粉酶系的组成，发表了她在科学院的第一篇研究报告《霉菌淀粉酶的纸上电泳分离和鉴定》，这可能是我国最先发表的有关曲霉产生的淀粉酶类型的研究报告。

同年张树政承担了"国家最重要科学技术任务"中"淀粉酶及淀粉酶菌类的研究"课题，这标志着张树政一生从事微生物酶学研究的开始。张树政领导的科研团队经过反复的菌种选育和实验，研制出我国第一个糖化酶酶制剂——变红红曲霉产生的葡萄糖淀粉酶，该酶可以将淀粉降解为葡萄糖的比率提高到99%以上。随后，张树政带领研究组对该酶的结构和功能进行了比较系统而全面的基础性研究。研究组经过多年努力，又得到高产糖化酶的黑曲霉，从而将糖化酶菌种更新为黑曲霉。据一份20世纪80年代的调查结果显示，应用此黑曲酶菌种生产酶制剂后，每年为国家节约资金1.9亿元以上、粮食22万吨。此项成果于1985年获国家科学技术进步奖一等奖。

1960年代初，张树政带领一批年轻科研人员研究白地霉的戊糖代谢途径。他们阐明了木糖和阿拉伯糖的代谢途径，纯化了木糖醇脱氢酶，并证明为诱导酶。他们在测定白地霉菌丝的无细胞提取液中有关酶活力时，发现了 D-甘露醇，最后证明了甘露醇的形成途径。这项工作获得中国科学院 1978 年重大科技成果奖。

六十多年来张树政院士把毕生精力奉献给了我国科学事业。她在中国生物化学和工业微生物领域建立的功绩将永垂史册，她的崇高品德、优良作风和科学精神将永远铭记在我们心中！

参考资料

[1] 中国科学家博物馆——张树政. http://www.mmcs.org.cn/gz/1224/1490/
[2] 金城, 张树政. 糖生物学与糖工程的兴起与前景. 中国生物工程杂志, 1995（03）: 12-17.

1.24 我国生物化学的奠基者吴宪

吴宪（1893年11月24日—1959年8月8日），世界知名的生物化学家及营养学家，在蛋白质化学、临床生物化学、免疫化学及营养学研究领域都有杰出的贡献。他是中国生物化学及营养学的奠基人，曾被美国学者里尔顿·安德森（J. Reardon-Anderson）誉为"中国化学的巨人"，他这样评价吴宪先生："毫无疑问，吴宪是20世纪前半叶中国最伟大的化学家，或者说是最伟大的科学家。"

吴宪

吴宪出生于中国福州的一个书香门第。他曾在私塾读过书，还参加过科举考试。1906 年，他进入全闽高等学堂预科班，经过 4 年的学习，于 1910 年通过了清政府组织的庚款留美考试，获得了赴美留学的奖学金。1911 年，吴宪被派往美国，进入麻省理工学院学习。因为曾立志重建中国海军，他最初选择了造船工程专业。但不久，他阅读赫胥黎（T. H. Huxley）的《生命的物质基础》一书，受这些书籍的影响，转而攻读化学和生物学，于 1916 年获得学士学位。随后，他师从哈佛大学的奥托·福林（Otto Folin）教授，并于 1919 年获得博士学位。他的题为《一种血液分析系统》(A System of Blood Analysis) 的博士论文已成为血液化学的经典文章。在文章中，他提出了一种只需 10 mL 血液就可定量测量血液成分的方法。尤其需要指出的是，应用他提供的手段，人们只需取一滴血或尿，就可以测定其中的糖含量。学术界认为，如果没有吴宪的血糖测定方法，胰岛素的发现就会受到阻碍。这些测定方法后来被命名为"福林-吴"方法。

1920 年，吴宪先生回到中国，在由美国洛克菲勒基金会创办的北京协和医学院任教。从此，他在这里奉献了大部分的时光，直到学院被日本军队占领而解散。在协和医学院工作期间，他被任命为生物化学系主任，是该校的第一位中国籍主任。这段时间也是他科学生涯中的鼎盛时期。他主持了一项大规模的研究工作——蛋白质变性的研究，他和同事们共发表了关于蛋白质变性的系列论文 16 篇。1931 年，他发表了题为"蛋白质变性的研究.XIII. 蛋白质变性理论"（Studies on denaturation of protein. XIII. A theory of denaturation）的文章，认为天然球蛋白由肽链经规律折叠而成，若解折叠，蛋白质就将变性。这篇文章已成为国际蛋白质研究领域的一个里程碑。化学家豪若威兹（Felix Haurowitz）评论道：吴宪是首位用标记抗原的方法分析蛋白质的人，而且是第一个提出蛋白质变性学说的人。

吴宪热爱祖国，以科学家的眼光关注国家前途和人民生活的疾苦。他研究营养问题就是为了解决中国人的营养不良问题，希望能帮助提高中国人的身体素质。因此，他下决心要通过科学研究改善这一状况。在协和医学院期间，他开始系统研究人的健康与食物的关系。他建立了素食和杂食实验动物体系，经比较确证了杂食对健康的益处。通过观察大鼠摄入蛋白质的情况，他进一步指出蛋白质的摄入对健康是至关重要的。他编著了我国第一部《食物成分表》，并领导了第一次营养普查，还为不同的人群设计了特定的营养目录。1938年，吴宪根据当时国民经济情况，主持制定了国内第一个《中国民众最低限度之营养需要》标准。

参考资料

[1] 郑术，蒋希萍. 吴宪——中国生物化学及营养学的奠基者. 生物物理学报，2012，28（011）：857-859.

[2] 协和医学院纪念吴宪先生创建生物化学系100周年. 传承大师科学精神. https://www.sohu.com/a/441613448_362042.

1.25 无机化学家戴安邦

戴安邦（1901年4月30日—1999年4月17日），出生于江苏丹徒，无机化学家、化学教育家，中国科学院院士，南京大学教授。戴安邦先生为他热爱的化学奉献了一生，他认为化学是造福于人类的科学，化学家首先应热爱化学，有为事业为国家的献身精神。化学家对科学发展应有责任敏感性和创新意识，具有团队协作精神和高尚的品德。戴安邦先生一生根据祖国科学技术的发展需要，从事了多个化学领域的教学和科研工作，为我国化学特别是无机化学的繁荣发展及人才培养作出了重大贡献。

戴安邦先生

戴安邦先生一生坚持把国家和人民的实际需要作为科研目标。这一思想贯穿了他的全部科研生涯。早在 1934 年，金陵大学就成立了化学研究所，戴安邦任主任，为适应农业发展实际需要，立科研项目为江苏土壤肥力的调查研究，根据农产品种类产量和土壤分类，将江苏省划分为若干代表区，在各区的 16 个县集土样 203 种，经分析综合后，提出因地制宜施肥方法，对促进农业的发展很有意义，并出版了《江苏土壤肥力》。

1978 年，由戴安邦教授主持并亲自参加调研、动手实验的"化学固氮研究"课题荣获全国科学大会奖。这一课题的远景目的是为改变高温高压的反应条件以达到在较温和条件下合成氨。这是与农业生产密切相关的课题，其中也包括合成氨机理等基础理论问题，戴安邦先生提出 α-铁原子组成的中心起主要作用的看法。对氮、氢及所研究的金属钾-活性炭一类催化剂体系进行了系统的研究，终于在 1975 年提出了合成氨催化剂活化氨中心的七铁原子簇模型。

1982 年获国家自然科学二等奖的"硅酸聚合作用理论"，就是因为西北黄土高原土壤加固研究工作要求找出影响硅酸胶凝材料作用的因素，研究中他首次阐明了各种因素对硅酸聚合而成凝胶作用的影响，尤其是酸度的影响，提出了硅酸聚合作用理论，改正了国际上流行的单一聚合机制，认为硅酸聚合是以两种不同的机制进行的。进一步由实验结果准确地揭示了硅酸的多级解离本质。对硅酸及盐化学做出了重要贡献。该理论及数据已被引用于国外专著及一些国际性手册中，为硅溶胶生产、建材、铸造、电能贮存、萃取分离和硅肺发病机制等有关硅的实用领域提供理论依据。

戴安邦先生既重视生产实际中的问题，也注意国际配位化学的研究动向，及时开拓新兴学科的基础和应用研究。无机化学和生物学交叉而形成的生物无机化学是近年配位化学中最活跃的领域之一。他主持开展了"铂配合物抗癌作用及机理研究"课题，首先系统地研究了已有铂配合物的抗癌活性、毒性及结构之间的定量关系，设计并合成了一系列新的铂化合物，从中发现一种铂配合物其活性与现在采用的顺铂相当，而毒性则较低，已在临床上广泛应用。该项研究荣获 1987 年国家自然科学三等奖。

近代配位化学要求和结构化学及量子化学理论密切结合，在戴安邦指导下的"新型配合物的合成和结构研究"课题组,在大量合成了金属簇合物、不对称和多核有机金属化合物的基础上,在配合物的谱学计算和实验方法、簇合物的成键理论和低对称场的研究方面作出了不少成绩,特别是包括 d 轨道和 f 轨道的核磁共振化学位移理论方面获 1987 年国家教委科技进步二等奖。

戴安邦作风民主,品德高尚。他奉行的格言是:"立身首要是品德,人生价值在奉献。"他自己做出了榜样,为科学的发展、社会的繁荣、祖国的进步奉献了一切。

参考资料

[1] 南京大学. 悼念著名化学家、化学教育家、中国科学院资深院士戴安邦教授. 化学教育,1999(005): 48.

[2] 陈荣三. 硅酸聚合作用理论与"W"轨迹的发现——缅怀戴安邦教授. 大学化学,1999,14(4).

1.26　以精确著称的化学家瑞利

瑞利原名约翰·威廉·斯特拉特（John William Strutt），尊称瑞利男爵三世（Third Baron Rayleigh），1842 年 11 月 12 日出生于英国埃塞克斯郡莫尔登（Malden）的朗弗德林园。瑞利以严谨、广博、精深著称，并善于用简单的设备做实验而获得十分精确的数据。他是在 19 世纪末达到经典物理学巅峰的少数学者之一，在众多学科中都有成果，其中尤以光学中的瑞利散射和瑞利判据、物性学中的气体密度测量等方面影响最为深远。

瑞利

瑞利毕业后，在剑桥大学任教职，他对教学尽心尽力。1879 年，剑桥大学著名物理教授麦克斯韦去世，空缺的著名科研机构——剑桥大学卡文迪许实验室主任职位由瑞利继任。瑞利对科研事业热情极高，投入了全部身心。他担任卡文迪许实验室主任之后，扩大了招生人数，对革吞学院和纽那姆学院加以整顿，并批准招收女学生，使妇女和男子一样，享有同等的受教育的权力。瑞利在卡文迪许实验室，精确地进行了银的电化当量研究，从而为电化学的发展作出了贡献。同时，他还对气体的化合体积及压缩性做了精密的定量研究。此外，他对光化学的研究也很有成就。

瑞利的一项重要研究是从空气和氮的化合物中制取纯净的氮。1882年，他经深入研究向英国科学协会提出一份报告，精确地指出，氢和氧的密度比不是1∶16，正确的比例应为1∶15.882。从这件事可以看出他那极为严谨的工作态度。他还从事气体的化合体积及压缩性的精密测量，计算出许多气体在极限情况下的摩尔体积，并严格测定了氮的密度。瑞利在制取氧和氮的过程中发现，用三种不同的方法制取的氧，密度完全相等，而用不同的方法制取的氮，密度则有微小的差异。如由氨制得的氮，与由空气制得的氮密度就不同，前者要小5/1000左右。对此，他自己反复验证了多次。尽管从实验的角度来看，这个微小的差别是在允许范围内，但瑞利发现，这个"误差"总是表现为由空气除去氧、二氧化碳、水以后获得的氮，比由氮的化合物获得的氮重，误差虽小，但是不对称，这是用传统的说法无法解释的。因而，他将这一实验结果刊登在英国的《自然界》周刊。寻求读者的解答，但他一直没有收到答复。瑞利认为，之所以由空气制得的氮比重大一些，可能有四种解释：

（1）由大气中所得的氮，可能还含有少量的氧。

（2）由氨制得的氮，可能混杂了微量的氢。

（3）由大气制得的氮，或许有类似臭氧的氮分子存在。

（4）由氨制得的氮，可能有若干氮气分子已经分解，故而把氮气的密度降低了。

第一个假设是不可能的，因为氧和氨的密度相差极微，必须杂有大量的氧、才有可能出现5/1000的差异。与此同时，瑞利又用实验证明；他由氨制得的氮，其中绝不含氢。第三个解释也不足置信，因为他采用无声放电使可能混杂 N_3 的氮气变化，并没发现氮的密度有所变化，即不存在 N_3。第四种假设几乎是不可能的，因为如果存在游离的氮原子，必然会彼此给合为分子，不可能在正常条件下长期游离。

正当瑞利困惑不解时，拉姆塞向瑞利提出，他要用新方法研究大气中的氮，瑞利对此慨然允许，并与拉姆塞精诚合作，这种研究导致了惊人的重大成果，发现了氦、氖、氩、氪、氙等整个一族的惰性气体元素。1894 年 5 月 24 日，拉姆塞给瑞利写信，提出了整个惰性气体族的设想。同年 8 月 7 日，以他们两个人的名义宣布了一种惰性气体元素的发现，英国科学协会主席马登提议，把这种气体命名为氩（Argon）。

瑞利一生发表了许多学术论文，他文笔清雅畅达，所写文章大多有严格的数学证明，定量十分准确。后人经常记起这位伟大科学家的名言：一切科学上的最伟大的发现，几乎都来自精确的量度。

参考资料

[1] 以精确著称的化学家瑞利. https://learning.sohu.com/2005120 9/n240910984, 2005-12-09.

1.27 化学家李寿恒

李寿恒（1898—1995），字乔年，江苏省宜兴县人。化学工程学家、教育家。他创办了中国第一个化学工程系，倡导并实现了"三志""三基""教学与科研相结合"等一系列教育思想，制订并推行了一整套教学与行政管理规章制度，培养了大批优秀的工程技术人才。对发展浙江大学、创办浙江化工学院、开创中国化工教育事业作出了杰出的贡献。

李寿恒

李寿恒于1898年2月21日出生在江苏宜兴湖㳇镇。1913年进入江苏常州中学学习，1918年中学毕业，国内正处于军阀混战之际，国家前途岌岌可危，科学救国、教育救国、实业救国呼声甚高，李寿恒也怀着救国思想考入了金陵大学农科。后于 1920 赴美国密歇根大学留学，后转至著名且收费较低的伊利诺伊大学化学系化工专业。1923 年李寿恒获得硕士学位和研究助教的职位，进而在世界能源专家和创造发明家 S. W. Parr 教授指导下攻读更高一级的学位。1925 年 5 月李寿恒以《硫铁矿的氧化对煤自燃的影响》为题的论文顺利通过答辩，获得博士学位。他的论文以真实可靠的实验数据和独到的见解引起国际学术界的广泛关注。美国刊物《工业与工程化学》和英国杂志《燃料》皆全文刊载。1925 年 7 月李寿恒学成回国，先后在东南大学和浙江大学任职。

李寿恒怀着"教育救国""实业救国"的抱负执教浙江大学之初，即立下雄心壮志，要把浙江大学办成世界一流水平的大学。1928 年 4 月他在给学校当局关于创设化学研究与材料试验研究所的建议书中即提出，要使学校中"大批好学深思之士深研科学，于极短期内与西方诸大学相伯仲。"他还要求教师"要有独树一帜、独特见解及自成学派的宏图大志。"对于学生，要求他们一进学校大门，就应该树立"在科学上、事业上有所建树的志向。"这就是他提倡的"三志"教育思想。

1950 年李寿恒任浙江大学工学院院长，1952 年被中央人民政府教育部任命为浙江大学教务长，1956 年被国务院任命为浙江大学副校长。在此期间，李寿恒做了卓有成效的教学组织领导工作。1957 年的反右斗争中，他受到不公正的待遇。1958 年被调到省化工研究所任副所长。1960 年李寿恒受中共浙江省委委托参加筹建浙江化工学院并被任命为副院长。1964 年李寿恒被任命为浙江化工学院院长。在主持教学工作期间，他为浙江化工学院的进一步发展奠定了基础。

"文化大革命"中，李寿恒被作为"反动学术权威"，受到审查批判和斗争，他几十年积累起来的大量书稿荡然无存。粉碎"四人帮"后，春回大地，李寿恒出任浙江化工学院学术委员会副主任。他精神焕发，一再表示要为实现社会主义四个现代化作出贡献。李寿恒为中国高等教育事业奋斗近 70

年,积累和形成的教育思想和管理经验,内容丰富精深,是发展中国工程教育的宝贵财富。

参考资料

[1] 知网百科-李寿恒. https://xuewen.cnki.net/R2008040270000007.

1.28 中国色谱分析先驱卢佩章院士

色谱是一种快速、高效、灵敏的分析、分离技术,是分析化学的重要组成部分,在工农业生产、进出口贸易、国防、科研、医学、生物制药、基因分析学科等方面有着广泛的应用。新中国成立初期,我国的气相色谱研究还是个空白。

在大连化物所,卢佩章原来的研究方向是催化化学,但是国家任务的神圣感和科学家的责任感很快使他改变了专业兴趣,与色谱结下了不解之缘。建国初期,他完成了"熔铁催化剂水煤气合成液体燃料及化工产品"项目。卢佩章和他的研究小组于1953年设计出我国第一台气体色谱仪,使分析石油样品的速度由原来30多小时缩短到不到1小时,而且所用样品量仅是原来的千分之一,这项技术迅速在全国石油化工企业普及应用。

卢佩章院士

20世纪60年代，卢佩章的研究方向转向国防工业，发展了腐蚀性气体色谱等一系列国防分析技术和仪器，解决了国防工业的急需，填补了国内空白。70年代，卢佩章接受了我国第一艘核动力潜艇79号密闭舱气体分析的国防科研紧急任务，并组建了科研小组。经过方法研究、仪器试制和现场反复考核，把色谱技术应用到潜艇密闭舱中，研制出当时世界上最先进的船用色谱仪。用该仪器可迅速、连续测定密闭舱中气体组分，确保人员安全生活。

火箭升空需要液氢作燃料，制备高纯液氢燃料的关键之一是必须去除其中的痕量氧，否则无法安全生产运行。卢佩章接受了任务，组建科研小组，开始了长达20年的科学探索。他们利用分子筛色谱技术开始了超纯气体净化和测试的研究，并为工业生产超纯气体提供了方法和手段，由于成功研制了当时国际上仅少数国家才能生产的新型吸附剂——分子筛，并敏锐地察觉到这种吸附剂用作催化剂的特殊性能，使我国先于国际上其他国家首先研制成功脱氧分子筛105催化剂。

卢佩章一直称自己是"集体中的小兵"。他曾说，"几十年来的研究，我深切体会到抓准国家任务的重要性。"首先要针对自身的特点选准任务，并根据历史发展及时调整。为了更好地完成任务必须在科学上勇于创新，必须有坚实的理论基础。也就是说科研选题要"国家最需要，我们最合适，赶超瞄得准"，并且要"任务带学科，学科出任务""我们必须有一个有共同思想的强大集体，我自己的任务仅仅是大海里的一滴水，我是集体中的一个小兵，一个对国家、对集体负责的小兵。"

卢佩章研究色谱分析半个多世纪，荣获各种奖励20余项。250余篇论文以及大量专著，凝结着他数十年科学探索中的丰硕成果和心血。

20世纪90年代初，卢佩章提出不再担任研究所领导和学会的领导工作，而是将重点转向培养年轻一代上，使年轻人能挑起更重要的担子。

在担任科研任务期间，他培养了新中国成立后第一批色谱科研人员。改革开放后，他先后培养研究生30余名，现在都已成为我国色谱界的中坚力量，取得了很多成果。卢佩章曾由衷地说："看到他们干出成绩，比我自己成功还高兴。"

卢佩章把培养年轻一代作为己任，不仅注重培养年轻人严谨的学术思想和创新精神，更重要的是培养年轻一代热爱祖国，热爱科学。卢佩章告诉过许多人："中国的科学家应该有一颗热爱祖国、热爱科学的心。我不相信一个只追求个人名利的人，能在科学上作出更大的贡献。"

2005年5月，卢佩章在浙江大学与年轻人座谈，座谈的题目是"什么是科学家的最大幸福"。座谈内容令人深思，也是卢佩章风雨人生的写照。卢佩章说："人是动物，是一个有思想的动物，要用聪明和智慧来决定自己的行动而不是感情用事。党中央提出建立和谐社会十分正确，一个人不能只考虑自己，还要考虑别人、国家。国家强盛了，个人才有发展。人总是要死的，一个科学家最大的幸福是能对社会、人类作出些贡献。科学家要有创新，必须有坚实的理论和技术基础，有一颗热爱科学的心，才能选准方向，坚持下去。"

参考资料

[1] 卢佩章院士简介.http://www.ifc.dicp.ac.cn/net-docu/mingren/03lpz.

1.29 燃料化学家彭少逸院士

彭少逸院士是我国著名的燃料化学家、催化学家。他1917年11月9日出生于湖北武昌，1939年8月毕业于武汉大学化学系。1942~1946年为解决我国抗日战争期间燃油紧缺的问题，投身于动力油料厂，从事有机合成和石油炼制方面的研究，任副研究员。抗战胜利后，留学美国，1947年在美国阿特拉斯粉末公司及通用染料公司的实验室进修。1949年新中国成立后，毅然回国，先在大连大学任教授，后于1952~1960年在中国科学院石油研究所任研究员和室主任。新中国成立初期抗美援朝战争爆发后，国家急需生产炸药TNT的原料甲苯，彭少逸先生领导的课题组成功研发出在氧化铬/氧化铝催化剂上直馏汽油七碳馏分常压环化脱氢生产甲苯的新技术，建成了千吨级生产装置并很快投入了工业

彭少逸院士

生产，这项技术是中国人第一次自己开发成功的油品催化加工技术。1961年彭少逸先生调入中国科学院煤炭化学研究所任研究员、室主任。1979年6月至1983年7月任中国科学院山西煤炭化学研究所所长。1980年当选为中国科学院学部委员（院士）。1983年起任中国科学院山西煤炭化学研究所名誉所长。

彭少逸先生是我国最早从事色谱研究的人员之一，同时又是我国催化科学的开拓者之一。他创立了柱内显色指示剂快速测定油品中烃类组成的色谱方法和薄层吸附剂快速分析气态烃的色谱方法，开创了催化新材料和多项催化动态分析的研究，并取得多项理论性和应用性成果，在国内外产生了深远的影响。

彭少逸先生长期从事科学研究工作，在催化、色谱、分析、萃取等领域，硕果累累，成绩卓著。20世纪50年代初期，他在合成汽油芳构化及铂重整等方面取得重要成果，1956年荣获中科院自然科学三等奖。"文革"期间他一直想方设法坚持科研工作，曾在轻柴油芳烃萃取方面取得成果，1978年荣获全国科学大会奖。十一届三中全会以后，他欣逢盛世，意气风发，倡导研究催化材料新体系，与助手一起开拓创新，研制成功碳纤维高效脱氧催化剂，其功能超出当时国内外同类催化剂水平，1980年荣获国家发明三等奖；又悉心指导助手研究成功以碳为担体和还原剂的另一种高效脱氧催化剂，使惰性气体脱氧的设备和工艺大大简化，1984年荣获国家发明二等奖。90年代，他提出应用超细化过程机理，率先在国内用动态分析法研究多相催化。此外，他在色谱保留值测定多孔物质的孔分布和表面积方面也取得重大进展。彭少逸先生由于在催化等学科理论研究和技术开发方面做出的重大贡献，于1997年荣获何梁何利基金科学技术进步奖。

彭少逸先生在山西煤化所被誉为"全所科技工作者的老师"。这不仅因为他在科研工作中建树颇丰，多次获奖，并有一套系统的、完整的、科学的方法；也不仅因为他长期以来培养了不少得力助手，又是博士生导师，更重要的是因为他具有高尚的道德情操，善于与别人协作，乐于与他人交流，取得成果愿与助手分享。他对前来请教的科技工作者，总是热情接待，悉心教诲；在担任山西煤化所所长期间还走遍全所每一个课题组，了解情况，指导工作。

参考资料

[1] 山西煤化所举办纪念彭少逸院士诞辰 100 周年学术报告会暨追思会. http://www.sxicc.ac.cn/xwzx/zhxw/201708/t20170817_4849427. 2017-08-17.

[2] 王建国, 孙予罕, 段雪. 彭少逸院士诞辰 100 周年纪念专刊. 中国科学: 化学, 2017(11): 1233-1236.

2 科学史话

2.1 传统文化与元素化学

优秀的传统文化是中华民族千百年来生产实践的结果,是我国宝贵的精神财富,是中华民族精神的重要根基,也为世界文化提供了中国智慧。传统文化内容丰富,包罗万象,其中的典籍、青铜器文化、瓷器文化,甚至成语故事、习俗,无不蕴含着丰富的化学知识和化学智慧。

(1)典籍中的化学知识

早期的制陶、冶炼工艺以及后来的炼丹术、本草学、农学,都包含着古代化学思想的萌芽。虽然古籍中记载的化学内容不系统,但这些散见的化学智慧充分反映了前人探究物质变化规律的实践活动,对于化学的发展具有开拓意义。

东汉魏伯阳所著《周易参同契》中记载:胡粉投火中,色坏还为铅。它描述了碱式碳酸铅在高温下遇炭火还原为铅这一化学现象;晋代葛洪在《仙药》中记述砒霜的制备方法:"又雄黄……饵服之法,或以蒸煮之;或以酒饵;或先以硝石化为水,乃凝之;或以玄胴肠裹蒸于赤土下;或以松脂和之;或以三物炼之,引之如布,白如冰。"

李时珍的《本草纲目》中将铅、汞、铁硫化物之间的相互转化,以及铅化合物之间的转化关系描述得淋漓尽致:朱砂伏于铅而死于硫,硫恋于铅而伏于磁,铁恋于磁而死于铅,雄恋于铅而死于五脂。故金公(铅)变化最多,一变而成胡粉[$2PbCO_3 \cdot Pb(OH)_2$],再变而成黄丹(Pb_3O_4),三变而成密陀僧(PbO),四变而为白霜[$Pb(Ac)_2$]。"

(2)青铜器文化、鎏金技术里的化学内容

中国的青铜器文化源远流长,后母戊鼎、四羊方尊、莲鹤方壶、虢季子白盘等是其中的典型代表。战国时期《周礼·冬官·辀人》记载的铸造青铜合金的方法：金有六齐（方剂）。六分其金（铜）而锡居一，谓之钟鼎之齐；五分其金而锡居一，谓之斧斤之齐；四分其金而锡居一，谓之戈戟之齐；三分其金而锡居一，谓之大刃之齐；五分其金而锡居二，谓之削杀矢（箭）之齐；金锡半，谓之鉴（镜子）燧（利用镜子聚光取火）之齐。

砷白铜是用砷矿石（砒石、雄黄等）点化赤铜而得到的。铜中含砷小于10%时，呈金黄色，炼丹家称其为"药金"（即砷黄铜）；当含砷量大于10%时，就变得洁白如雪，灿烂如银，称为"药银"（即砷白铜）。晋代著名炼丹大师葛洪的《抱朴子·金丹篇》和南朝医药大师陶弘景的《名医别录》中都有"雄黄得铜可作金"的记载。鎏金技术是将金形成金汞齐涂在铜器表面，加热蒸发汞，金就附着器物表面。汉代鎏金和镶嵌技术已十分发达，东汉《周易参同契》里就有关于鎏金技术的记载。

（3）瓷器文化中的化学元素

陶瓷是中国的象征，一部陶瓷史就是一部中国文明史。五千年来流传沉淀下来的陶瓷器物，反映了各个时代的文化特征，成为中华民族宝贵的文化遗产。原始陶器实用绚烂、秦汉陶瓷朴拙典雅、唐代瓷器雄浑大气、宋代瓷器精致内敛、元代瓷器一枝独秀，而明代瓷器浓艳多姿、清代瓷器繁缛富丽，民国瓷器则百花齐放。陶和瓷其实是两个不同的概念，二者出现的年代、烧制的温度、原料和釉料、质地和透明度等各不相同。陶器，是用黏土或陶土经捏制成形后于700~1000℃烧制而成的器具，为多孔、不透明的非玻璃质，上釉或不上釉。陶器历史悠久，早在新石器时代就已有简单粗糙的陶器。随着陶器制备工艺的成熟，彩陶应运而生。彩陶即彩色陶器，系利用赤铁矿粉和氧化锰作颜料，在陶坯表面彩绘各种图案，入窑经900~1050℃烧制后在橙红的底色上呈现出黑、红、白等颜色的图案，使陶器不仅是实用品，还具备了艺术品的审美价值。随后，在漫长的制陶生产实践中，经过不断改进和提高，人们发明了瓷器。瓷器是由瓷石、高岭土、石英石、莫来石等经过高温（1200~1400℃）烧制，外表施有玻璃质釉或彩绘的器物。瓷器表面的釉色因为原料、烧制温度的不同而呈现各种不同的颜色。中国是瓷器的故乡，在英文中"瓷器（china）"与中国（China）

同为一词。因此，瓷器不仅仅是器物，更是凝聚着中华民族智慧的艺术品。

陶瓷的胎质成分是陶瓷呈现不同釉色的原因。如邢窑雪白瓷的胎质为高铝低铁胎，一般 Al_2O_3 含量约 31.0%、Fe_2O_3 含量约 0.5%。由于含铁量少，其胎皆呈白色。而其釉质为低铝高钙釉，Al_2O_3 含量约 16%，CaO 含量约 8%。低温铅釉陶的釉是用铅粉、石末（石英粉）和少量着色剂如赭石（赤铁矿）、孔雀石[$Cu_2(OH)_2CO_3$]、矾红料（绿矾中提炼的氧化铁）和叫珠料（含锰量较高的钴土矿）等在 700~900℃ 的氧化气氛中烧制而成。唐三彩的主要颜色为黄、褐、绿，即来源于这种低温铅釉。再比如四川省的会理绿陶，"坯胎白又细，绿釉美如玉"，其釉料以天然的优质孔雀绿石即 $Cu_2(OH)_2CO_3$ 为原料，经 1260℃ 氧化焰烧制后，成为致密度高、声音清脆、无铅无毒的中国唯一绿釉陶。而青花瓷、景泰蓝中的蓝色源于钴矿中的四氧化三钴（Co_3O_4），宋代钧窑、元明清景德镇窑釉里红、郎窑红、豇豆红等都是铜红釉的名贵品种，其釉料以铜为主要着色元素，在高温还原气氛中焙烧而呈现氧化亚铜（Cu_2O）的红色。此外，在瓷器的釉料中加入钒，由于不同价态的钒氧化物呈现不同颜色，可以得到虹彩釉瓷器和金光釉瓷器。

（4）成语故事中的化学智慧

经典的成语故事，言简意赅、含蓄隽永、引人深思。特别是一些成语故事里还包含着深刻的化学原理，如点石成金、华而不实、灵丹妙药、洗尽铅华、炉火纯青、青出于蓝、信口雌黄等。

点石成金一直是古人的一个梦想。科学家通过热力学计算，在一定的温度和压力下，廉价的石墨可以变成金刚石。经过多次试验，该技术现已工业化生产，实现了"稻草变黄金"，也实现了古人梦寐以求的"点石成金"的梦想。

华而不实的原意是花开得好看，但不结果实，出自《晏子春秋·外篇·不合经术者》："东海之中，有水而赤，其中有枣，华而不实，何也"。在农业生产中的确存在"华而不实"的现象。产生这一现象的原因其实与土壤中硼元素的缺乏有关。硼与花粉形成、花粉管萌发密切相关，植物缺硼时，花丝萎缩，发育不良，会导致甜菜的褐腐病、马铃薯的卷叶病和苹果的缩果病等。

端午节是中国的传统佳节，习俗甚多，包括划龙舟、食粽子、饮雄黄酒等。雄黄是一种含硫和砷的矿石（As_4S_4），常与雌黄（As_2S_3）共生。雄黄置于阳光下曝晒，会变为雌黄和砷华（As_2O_3）。自南宋时期，我国南方地区就已有端午节饮雄黄酒的习俗。人们把雄黄溶在酒中，用来杀菌、驱虫、解毒，抹在孩子脸上，用以辟邪驱魔。而在诸多《白蛇传》版本里，都有白娘子在端午节饮雄黄酒而现形这一桥段。雌黄，柠檬黄色，用作颜料。中国早期使用的纸张颜色偏黄，用雌黄作涂改液可以匹配纸张的颜色，如果字写错了，用雌黄涂抹后，可以遮盖错字。晋朝孙盛《晋阳秋》记载："王衍字夷甫，能言，于意有不安者，辄更易之，时号口中雌黄"。后人将随意窜改文字、变更语词谓之口中雌黄或信口雌黄，比喻不顾事实，随口乱说或妄作评论。如敦煌藏经洞发现的隋抄本《文选·运命论》残卷，有7处清晰可见的黄色涂改液修改痕迹，专家推断其为雌黄涂改。

参考资料

[1] 尚元胜. 《本草纲目》中的化学. 化学教育，1996，000（008）：44.

[2] 陈颢，田建，李晓帆. 等. 古代青铜器保护研究进展. 云南化工，2012（06）：37-39.

[3] 胡一红. 中国古代鎏金技术及鎏金文物的保护. 首都博物馆丛刊，2000，00：188-195.

[4] 张欢. 化学元素分析技术在古陶瓷产地研究中的应用. 中国陶瓷，2013，049（004）：81-84.

[5] 林楚. 在成语中学化学. 意林文汇，2015.

[6] 罗盛祖. 化学科普集萃. 长沙：湖南科学技术出版社，1991.

2.2 "夹心饼干"——二茂铁

二茂铁具有稳定性、芳香性、低毒、亲油性、富电性、氧化还原性和易取代等许多特点,所以二茂铁自从出现以来就一直受到广大科研工作者的极大关注。伴随着科技的发展和广大科研工作者的努力,二茂铁及其衍生物在功能材料、生物医药、分析化学和催化方面等众多领域有着广泛的应用。如:可用作燃油消烟剂或燃速调节剂、光敏剂、稳定剂、高分子材料改良剂等,且可用于合成 D-丙氨酸、二茂铁青霉素等药物中间体,还可用作补血剂治疗缺铁性贫血症等。

1951 年 12 月 15 日,杜肯大学(Duquesne University)的 Pauson 和 Kealy 等人在国际顶级期刊 Nature 上刊登了一篇具有划时代意义的研究论文。Pauson 等人首次报道了一种被称之为二茂铁的新型有机铁化合物的合成方法。虽然论文仅占该期刊 2/3 页的篇幅,但是文中提到的二茂铁却以其独特的魅力呈现在科学家们的面前,激发了他们强烈的兴趣,并随之发展成为化学中的一个研究热点。具有罕见化学结构和特殊化学性质的二茂铁成为现代化学重要的研究课题之一。

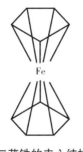

二茂铁的夹心结构

二茂铁

Pauson 和 Kealy 用环戊二烯基溴化镁处理氯化铁，试图获得富瓦烯，它是二烯的氧化偶合产物，但出乎意料地得到了非常稳定的橙黄色固体。Pauson 等人对该固体的化学性质、物理性质进行了研究，得出该固体的分子式为 $C_{10}H_{10}Fe$，并且初步得到该物质的一些物理性质，例如：熔点 172.5~173℃，沸点 249℃，不溶于水、10% NaOH 和热的浓盐酸，但易溶于稀硝酸、浓硫酸、二氯甲烷、苯、乙醚、石油谜、甲醇和乙醇等一些常用有机溶剂，比较稳定。但基于当时研究条件所限，他们未能确定该种物质的结构，因而对于该物质的更多性质也无法确定。

随后，Wilkinson 等人通过测定橙黄色固体的红外光谱、磁化率及偶极矩等性质，判定该物质具有夹心型结构。Fischer 等人采用 X 射线衍射研究橙黄色固体的具体结构，提出该化合物具有五角反支柱的结构。通过这些研究确定了该物质是由上下两个带负电的环戊二烯基芳环、中间一个二价正电荷的铁离子组成，形如三明治，因此又将它称为"三明治化合物"，并正式命名为二茂铁。二茂铁结构的确定促进了对二茂铁及其衍生物性质和应用的研究，反过来也极大地推动了金属有机化学的发展。因此，Wilkinson 和 Fischer 二人共同获得了 1973 年的诺贝尔化学奖。

参考资料

[1] 崔小明. 二茂铁的合成及应用. 化学工业与工程技术：2000，6：21-23.

[2] 郭鸿旭，邹雪珍，黄尊行. 应用前景广阔的二茂铁及其衍生物. 福州大学学报（自然科学版）：2002，5：597-603.

[3] 黎桂辉，刘学军，程红彬. 二茂铁及其衍生物的合成与应用研究进展. 化学研究：2010，4：108-112.

[4] 肖陆飞. 二茂铁的发现、制备及其应用. 滁州职业技术学院学报：2009，1：65-70.

2.3 稀有气体的发现

稀有气体在自然界中的含量很少，并且不容易和其他物质作用，因此发现它们是一件很困难的事。稀有气体的发现前后共经历了一个多世纪，整个过程既曲折又有趣。

在地球上，人类首先发现的稀有气体是氩。早在1785年之前就已经先发现氢的英国化学家卡文迪许（Cavendish H，1731—1810）在研究氮气时，把空气中的已知成分氮、氧、二氧化碳等除尽后，仍然存在着少量的残余气体。

卡文迪许报道了他观察到的这项实验结果，但在当时并没有引起其他化学家的注意，他本人也没有再进一步研究。谁也没有想到，就在这少量气体里竟隐藏着一个化学元素家族。如此一来，发现新元素的机会就这样从他身边溜走了。

1892年，英国物理学家瑞利（Rayleigh J W S，1842—1919）在研究大气中各种气体的密度时，发现从空气中除去氧以后，所得到"氮气"的密度是1.2572克／升，然而从氮化物中制得氮的密度是1.2507克／升。虽然，两者之间的差异只显现在第三位小数上，但已经超过了当时的实验误差范围。瑞利无法给出合理的解释，便把这个实验事实公布于世，征求解答。瑞利与拉姆塞合作，把空气中的氮气和氧气等除去，用光谱分析鉴定剩余气体，终于在1894年发现了新的气体——氩。由于氩和许多试剂都不发生反应，极不活泼，故被命名为Argon，其希腊文原意是"不活泼的、惰性的"。大气中含有0.934%的氩。氩的发现在科学界引起了极大的反响，这也就是在科学界中广为流传的"第三位小数的胜利"。

氦的发现有些凑巧，它是唯一在地球以外发现的一种元素。1868年8月10日印度发生日全食，法国天文学家杨森在观测这次日全食时，从太阳光谱中得到一条波长587.49纳米的橙黄色光谱线。同时，英国天文学家洛克伊尔也在不同的场合从太阳光谱中得到相同的发现。两个人都写信将这个结果通知巴黎科学院。

后来经过仔细分析，反复核对当时地球上所有已发现元素的光谱线，都没有这一条，因而认定这是一种在地球上尚未发现的新元素的光谱线。由于是在太阳上发现的，因此把它命名为有"太阳"意义的Helium。这是人类首次在地球上发现"地球以外的元素"。在以后的20多年间，人们都一直认为"氦"只存在于太阳上，而不存在于地球上。

在1888~1890年间，美国化学家希尔布兰德用硫酸处理沥青铀矿时，得到一种不活泼的气体。虽然，这一种气体实际上就是氦气，但是他当时把它误认成氮气，也使他错过了发现新元素的重大机会。

后来，瑞姆赛读到这篇论文时，不同意他的看法。瑞姆赛随即用另一种铀矿（钇铀矿）重复希尔布兰德的实验。瑞姆赛在取得气体以后，借助光谱实验，证明了这种气体正好就是27年前在太阳光谱中发现的那种元素，进而证明地球上也有氦的存在。在1895年的英国化学学会年会中，正式宣布在地球上也发现了元素氦。有人把氦的发现一起归功给杨森、洛克伊尔和瑞姆赛3人。

在1894年宣布氩的诞生后，在1895年宣布地球上也有"氦"的存在。但是在当时的元素周期表中，并没有这两个元素的位置，而且它们的性质和碱金属（1A族）和卤素（7A族）差别很大。因此聪明的瑞姆赛根据周期表的规律性，推测氦和氩可能是另一族的新元素，而且除了氦和氩以外，还有其他新元素。或者在氦和氩之间，很可能有另外一种元素。为此，他开始了新元素的探索工作。

最初，瑞姆赛和他的助手崔弗斯认为新元素可能与氦相似，存在于稀有矿物中。因此，他们对地球上所能得到的矿物，甚至包括从天空落下的陨石，都——做了实验，但都未能成功。后来受到"氩存在于空气中"这一事实的启发，又把希望寄托在空气的分馏产物上。经过他们两人的大量实验，终于在1898

年6月从空气中取得了新元素——氖，英文名是Neon（Ne），含有"新"的意思。

稀有气体氪是在寻找氖的期间，几乎可以说是顺便发现的。瑞姆赛他们在液态空气分馏产物中寻找氖时，蒸发液态空气到最后只剩下很少的一部分，再把其中的氮气和氧气去掉。在确定留下来的是一种不活泼气体以后，做鉴定并确定是新元素氪。它被命名为krypton（Kr），含有"隐藏"的意思，这时候已经是1898年5月30日了。他们无比地激动，当晚就测定了这种元素的原子量，测量结果是82.92，刚好处在溴（Br）和铷（Rb）之间，说明氪、氖和氩是同类，都是稀有气体的成员。

在1898年7月12日，瑞姆赛和崔弗斯用新的空气液化机，从空气中又成功地分馏得到了Xenon（氙），它的名字有"陌生人"的意义。从1898年5月底到同年的7月12日，短短的两个月内，瑞姆赛他们就发现了3种稀有气体，氖、氪和氙。由此可见，在发现新元素的过程中，化学元素周期表起了巨大的导引作用。

在1900年，德国物理学家同恩教授从放射性矿物中发现了常温下最重的气体——氡。它是镭（Ra）释放出阿尔法粒子后，放射性蜕变产物中的一种。起初，同恩教授把这种气体叫作"激光气"。一直到1923年才正式定名为氡，是稀有气体的第6个成员。

6种稀有气体的发现差不多都和瑞姆赛有关，首先他和瑞利在1894年发现了氩，1895年继杨森、洛克伊尔在发现太阳光谱中的氦以后，他是第一个从地球上找到氦的人。而氖、氪和氙是他与崔弗斯合作的成果。即使在1900年发现氡以后，瑞姆赛还与英国的索迪教授在1903年确定氡是由镭蜕变以后的产物，并确认这个放射性气体是一种新元素，因此瑞姆赛不愧是稀有气体的开创者。

由上述的稀有气体发现史可以知道，在科学实验中不放过一点点细微的差异，锲而不舍，以及认真严肃的科学态度和一丝不苟的科学作风，是科学工作者成功的重要因素。

参考资料

[1] 王壮凌. 稀有气体的发现史. 发明与创新：学生版，2007，No.306（12）：14-15.
[2] 王壮凌. 曲折有趣的稀有气体发现史. 科学之友，2007，000（023）：30-31.
[3] 孙博勋. 稀有气体的前世今生. 大学化学，2019，34（8）.

2.4 石墨烯的发展历程

碳元素（C）是自然界最为神奇的元素。它既是地球上生命体的主要组成成分，又是众多性能奇特的材料的基本组成元素，例如，已知自然界中最坚硬的物质金刚石，由碳材料构成；较软的材料石墨，也是由碳材料形成的。目前人们已知的在惰性气氛中高温力学性能最好的材料是一种碳碳复合材料，该材料可以承受三千多度的高温而强度保持不变，在两千多度的高温下仍可以使用。

在纳米世界，碳元素的表现也同样惊喜，碳原子按照不同的方式排列，形成差异性巨大的物质，其中人们最熟悉的碳材料是金刚石和石墨这两个同素异形体，二者均为三维结构。在自然界中广泛存在的煤炭是碳的另一种存在形式——无定形碳。富勒烯是零维结构的碳材料，它是由正六边形或者正五边形组成的封闭的笼状结构，其中以 C60 最为人所熟知。碳纳米管是一维结构的碳材料，它是由单层的六边形排列的石墨的原子同轴缠绕而成或由单层石墨圆筒沿同轴层层套构而成的数层或者数十层的同轴的管状物。其直径一般为 2~20nm，长度则远大于其直径，层与层间保持固定的距离为 0.34nm。近几年引起各国研究者极大兴趣的石墨烯则是碳材料中具有二维结构的物质。它是世界上最薄也是最坚硬的纳米材料。它神奇的二维结构使其拥有的独特性质，在电、光、磁和热学等方面表现突出。现在，由碳原子构成的具有几个原子层（通常小于 10 层）的石墨片层统称为石墨烯。

石墨"graphite"一词来源于希腊语"graphein"，而石墨烯"graphene"一词则由 Boehm 等在 1986 年提出：后缀"-ene"一般用来表示多环的芳香烃，如 anthracene（蒽），tetracene（并四苯），coronene（六苯并苯），ovalene（卵苯）等等。石墨烯的命名来自于石墨（graphite）+烯类的命名后缀（ene），用来表示碳的单原子层无尽延展的原子尺寸网。1997年IUPAC采纳了此建议，规定"graphene"用来表示单层碳原子组成的物质。现如今，一层或者几层碳原子组成的物质均可称为石墨烯。

追溯石墨烯的发展历史，最早的报道出现在1840年，关于氧化石墨（graphite oxide）及石墨层间复合物（graphite intercalation compounds）的研究。德国科学家Schafhaeutl声称：石墨的层间靠范德华力结合，此作用力较弱，因此石墨的层间可插入小分子的酸或金属，制得石墨的层间复合物；另外，他们通过硫酸或硝酸作用使石墨的层与层发生结构剥离，但当时研究的热点集中在石墨的层间复合物：碱金属、氟化物、过渡金属（铁、镍等等）及一些有机物都曾被引入石墨的层状结构中，产生新的结构与性能。1859年，英国化学家Brodie在Schafhaeutl报道的基础上用强酸及氧化物（$KClO_3$）制备出了氧化石墨：层状结构更为疏松，且表面负载了官能团，即石墨被氧化了。四十多年后，Staudenmaier在氧化石墨的制备过程中加入氯酸盐，使得石墨的分层变得更薄。1962年Boehm及其合作者发现通过水合肼、硫化氢及二价铁盐对氧化石墨的加热和化学还原分离可得到厚度为4.6Å的碳的薄层。当时的诸多研究为如今的氧化石墨烯的制备提供了基础。

2004年，英国曼彻斯特大学物理学家安德烈·海姆（Andre Geimand）和康斯坦丁·诺沃肖洛夫（Konstantin Novoselov），采用微机械剥离法成功地从石墨片中分离出石墨烯，从而证实了石墨烯可以单独存在。这推翻了科学界一个长久的错误认识——任何单原子层的二维晶体都不能在有限的温度下存在。石墨烯这种二维晶体不仅可以在室温下存在，而且可以稳定地存在于通常的环境中。同时，两人也因"在二维石墨烯材料的开创性实验"共同获得2010年诺贝尔物理学奖。从此石墨烯走入大众的视野，在全球范围里掀起了石墨烯制备和应用的研究热潮。

石墨烯是一种由碳原子以sp杂化轨道组成六角型呈蜂巢晶格的二维碳纳米材料。具有高导电性、高强度和超轻薄等特性，在电子、光学、磁学、生物医学、催化、储能和传感器等领域具有巨大的应用潜力，被认为是一种未来革命性的材料。石墨烯在很多领域都有十分广阔的发展空间，但大部分石墨烯的应用在中短期仍处在科学研究的状态。目前的应用主要集中在柔性屏、锂电池、超级电容器、生物传感器、涂料等领域。

我国在石墨烯领域的研究起步与发达国家相比较晚，但在近些年的努力下，我国在石墨烯研究领域正在赶上发达国家。我国石墨烯专利的申请始于2006年，并自2010年开始快速增长，截止到2018年8月29日，中国是石墨烯技术领域专利申请量最多的国家，申请数达到37521件。从专利申请数量看，其研究热度至今不减。

据相关报告数据显示，2018年全球石墨储量约为30670万吨。中国作为天然石墨的生产、消费和出口大国，2018年我国已探明的天然石墨储量约7300万吨，位居世界第一。2018年全球天然石墨产量达到89.56万吨，其中中国石墨产量达63万吨，约占世界总产量的70.3%。

虽然我国石墨烯产业已经取得令人惊叹的成绩，整体上还存在着亟待解决的一些问题：石墨烯规模化生产技术成熟度依然较低、石墨烯技术专利多数为本土专利申请，国外专利技术布局相对薄弱，极少数能被国外专利引用，专利质量总体不高，缺乏基础核心专利等问题。

参考资料

[1] 张乾元. 石墨烯的特性、制备与应用前景. 化工管理，2018，000（003）：158-159.

[2] Ghaffarzadeh K，王增效. 石墨烯商业化：迄今为止的历程回顾. 国际纺织导报，2020，v.48；No.348（02）：9-10.

[3] 杨林，王天华，易莎莎，等. 国内外石墨烯应用研究发展与展望. 化学工程与装备，2015（9）：164-165.

2.5　酒石酸外消旋体拆分

路易·巴斯德（Louis Pasteur，1822年12月27日—1895年9月25日），法国微生物学家、化学家，近代微生物学的奠基人。像牛顿开辟出经典力学一样，巴斯德开辟了微生物领域，创立了一整套独特的微生物学基本研究方法，开始用"实践→理论→实践"的方法进行研究，他是一位科学巨人。

路易斯·巴斯德

巴斯德一生进行了多项探索性的研究，取得了重大成果，是19世纪最有成就的科学家之一。他用一生的精力证明了三个科学问题：

（1）每一种发酵作用都是由于一种微菌的存在，这位法国化学家发现用加热的方法可以杀灭那些让啤酒变苦的恼人的微生物。很快，"巴氏杀菌法"便应用在各种食物和饮料上。

（2）每一种传染病都是一种微菌在生物体内的发展。由于发现并根除了一种侵害蚕卵的细菌，巴斯德拯救了法国的丝绸工业。

（3）传播疾病的微菌，在特殊的培养之下可以减轻毒力，使他们从病菌变成防病的疫苗。他意识到许多疾病均由微生物引起，于是建立起了细菌理论。

酿造葡萄酒时酒桶底部产生的酒石晶体

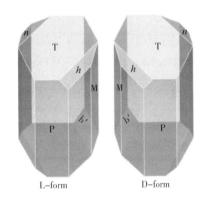

酒石酸晶体

1848年晶体的研究开始蓬勃发展，巴斯德也很有兴趣，认为晶体的研究是"有用的科学"。当时，人们发现酒桶底部的酒石结晶酸化后形成的酒石酸会在偏光镜中呈现旋光现象，而后来又有人从这种结晶的母液中偶然制备出了另一种酒石酸，奇怪的是这种新的酒石酸在偏光镜下却无旋光现象，人们将其称为葡萄酸（其实是外消旋酒石酸）。米希尔里希等科学家研究了这种葡萄酸，他们发现酒石酸和葡萄酸除了旋光性不同以外，组成与化学性质完全一样，这成了当时化学界的不解之谜。这个现象引起了巴斯德的浓厚兴趣，他将酒石酸铵钠盐和葡萄酸铵钠盐作为研究对象，试图破解这个谜题。

1848年，巴斯德在用显微镜观测酒石酸铵钠盐时发现了一个奇特现象：酒石酸铵钠盐的结晶都是不对称的。于是巴斯德推测，酒石酸铵钠盐之所以呈现旋光现象，应该与其不对称的晶体结构有关，而无旋光性的葡萄酸铵钠盐则有可能具有完全对称的晶体结构。但观察结果却完全出乎其意料，因为他发现葡萄酸铵钠盐结晶与酒石酸铵钠盐结晶一样也是不对称的。虽然没有发现预期的结果，但巴斯德注意到，酒石酸铵钠盐晶体的半面晶面都是向右的，而葡萄酸铵钠盐的半面晶面有着不同的取向：一种向左，一种向右。巴斯德在显微镜下把葡萄酸铵钠盐中的两种不同方向的晶体用镊子分别挑选出来并配成溶液，然后用偏光镜进行观察。结果发现，凡是半面晶面向右的，都呈现右旋光；凡是半面晶面向左的，都呈现左旋光。巴斯德又把等量的右旋光晶体和左旋光晶体混合后配成溶液，结果该溶液与葡萄酸铵钠盐溶液一样，不呈现旋光性。由于这种旋光性的差异是在溶液中观察到的，巴斯德推断这不是晶体的特性而是分子的特性。巴斯德的这个发现证实了旋光异构现象（也称对映异构现象），对立体化学的发展产生了深远的影响。

巴斯德从葡萄酸盐晶体中挑选出两种半面晶面方向相反的晶体

参考资料

[1] 稿方圆. 微生物猎人路易·巴斯德. 科技与生活, 2014, 000 (007): 52-56.
[2] 路易丝·E. 罗宾斯. 路易·巴斯德：与神秘的微生物世界. 西安：陕西师范大学出版社, 2003.

2.6　世界上第一个人工合成的蛋白质——结晶牛胰岛素

1965年9月17日，世界上第一个人工合成的蛋白质—结晶牛胰岛素在中国诞生。这是世界上第一次人工合成与天然胰岛素分子相同化学结构并具有完整生物活性的蛋白质，标志着人类在揭示生命本质的征途上实现了里程碑式的飞跃，被誉为我国前沿研究的典范。

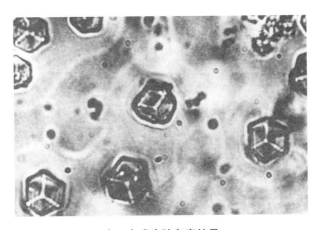

人工合成牛胰岛素结晶

人和动物胰脏内有一种呈岛形分布的细胞，分泌出一种叫胰岛素的激素，具有降低血糖和调节体内糖代谢的功能。胰岛素是一种蛋白质，蛋白质是生物体的主要功能物质，生命活动主要通过蛋白质来体现。1889年，德国的敏柯夫斯基首次发现了胰脏和糖尿病的关联后，就不断有人研究胰脏的神秘内分泌物质。1921年，加拿大的生理学家弗雷德里克·班廷等首次成功提取到了胰岛素，并成功地应用于临床治疗，获得了1923年诺贝尔生理学或医学奖；英国化学家弗雷德里克·桑首次阐明了胰岛素分子的氨基酸序列，获得了1958年诺贝尔化学奖。

作为一种蛋白质，胰岛素由A、B两条链，共17种51个氨基酸组成。人工合成胰岛素，首先要把氨基酸按照一定的顺序连结起来，组成A链、B链，然后再把A、B两条链连在一起。这是一项复杂而艰巨的工作，在20世纪50年代末，Nature曾发表评论文章，认为人工合成胰岛素还有待于遥远的将来。

1958年12月底，我国人工合成胰岛素课题正式启动。中科院生物化学研究所会同中科院有机化学研究所、北京大学联合组成研究小组，在前人对胰岛素结构研究的基础上，开始探索用化学方法合成胰岛素。中科院上海有机化学研究所和北京大学化学系负责合成A链，中科院生物化学研究所负责合成B链，并负责把A链与B链正确组合起来。

研究小组经过6年多坚持不懈的努力，终于在1965年9月17日，在世界上首次用人工方法合成了结晶牛胰岛素。原国家科委先后两次组织著名科学家进行科学鉴定，证明人工合成牛胰岛素具有与天然牛胰岛素相同的生物活性和结晶形状。

随后，1965年11月，这一重要科学研究成果首先以演示文稿形式发表在《科学通报》杂志上，1966年3月30日，全文发表。自1966年3月"人工全合成结晶牛胰岛素"的研究工作在《科学通报》杂志上对外发表后，许多国家的电视台和报纸先后作了报道。各国科学家纷纷来信表示祝贺。诺贝尔奖获得者、英国剑桥大学教授托德的来信为这一伟大的工作向研究者致以最热忱的祝贺。

人工牛胰岛素的合成，标志着人类在认识生命、探索生命奥秘的征途中迈出了关键性的一步，促进了生命科学的发展，开辟了人工合成蛋白质的时代，在我国基础研究，尤其是生物化学的发展史上有巨大的意义与深远的影响。

参考资料

[1] 龚岳亭，杜雨苍，黄惟德. 等. 结晶牛胰岛素的全合成. 科学通报，1965，16（11）：941.

[2] 熊卫民. 人工全合成结晶牛胰岛素的历程. 生命科学，2015，027（006）：692-708.

2.7 青霉素的故事

1928年,英国人弗莱明度假归来,发现度假前忘记清洗的培养皿中长出霉菌,杀死了周遭的葡萄球菌,由此发现了青霉素。十多年后的第二次世界大战中,青霉素拯救了无数盟军伤兵的生命。

青霉素(Penicillin,音译盘尼西林)化学结构式

然而,青霉素曾经在弗莱明的实验室中沉睡了十年。杀菌的物质不在于霉菌本身,而在培养液中,而该物质非常不稳定,在碱性或者高温环境下会迅速分解,即便在常温下也会很快失活。怎样才能提取出青霉素,使它走出实验室,真正成为拯救生命的"神药"呢?

青霉素提纯遇到的最大的问题是青霉素不稳定,不仅不能用加热的方式蒸发溶液中的水分,就连在常温下也保存不了多久。英国化学家钱恩(Ernst Chain)反其道而行,不给青霉素溶液加热,而是把溶液冻结成固态,然后通过抽真空降低气压的方法,让溶液中的水升华出来。这种做法乍一看似乎不可思议,但是熟悉水的三相图的人都知道,在$-20℃$的密闭环境中放置冰块,降低气压,冰便会通过升华作用变为水蒸气散逸出去。这种先冷冻再通过升华去除水分的方式,就叫作冷冻干燥,简称"冻干"。

使用冻干技术，钱恩等人最终得到了几乎不含水分的灰色青霉素粉末，可以在常温下保存很长时间，杀菌效力比青霉素溶液高出几十倍。由此，青霉素终于可以走上战场，拯救无数生命。钱恩和弗洛里（Howard Florey）也因为这一贡献，与弗莱明共同获得了诺贝尔奖。

Alexander Fleming　　　Howard Walter Florey　　　Ernst Boris Chain
（1881—1955）　　　　　（1898—1968）　　　　　　（1906—1979）

参考资料

[1] 陈钟秀等. 化工热力学，北京：化学工业出版社，2012.
[2] 抗菌药的前世今生. http://www.cas.cn/kxcb/kpwz/201104/t20110429_3123674.shtml

3 化学创新

3.1 北斗三号压轴卫星与化学推进剂

2020年6月23日上午9时43分许,中国北斗卫星在西昌卫星发射中心发射成功。中国的北斗已成为世界的北斗,一流的北斗,服务全球用户。

北斗卫星导航系统组网完成可以摆脱美国GPS的依赖,使中国军队的武器更精准,定位导航也更精确,为国家的安全及经济的发展提供了助力。

北斗卫星导航系统是我国自主研发的一型区域性有源二维卫星定位与通信系统,它是世界上继美国的全球卫星导航系统、俄罗斯的格拉诺斯卫星导航系统、欧洲联合开发的"伽利略"卫星导航系统之后第四个全球卫星导航系统。北斗卫星定位系统可以在全球范围之内不受任何干扰,为各类用户提供高精度、高可靠的定位、导航与授时服务,并且兼具短报文通信的能力。可以说,北斗卫星定位系统的出现,直接影响了我国各行各业的发展,使得我国的科学技术水平得到了很大程度上的推进。我国再也不用使用美国的全球卫星定位系统了。

导航卫星

北斗卫星

目前我国长征火箭共有8个系列,主要负责同步轨道卫星的发射任务,是承担高轨道发射任务最多、发射成功率最大的火箭,在北斗卫星导航系统建设中立下了汗马功劳,被称为"北斗专列",几乎每年都有发射任务,在发射北斗卫星任务中成功率做到了100%,高密度的发射也验证了长征三号甲运载火箭的可靠性,因此有着"金牌火箭"的美誉。

航天科技是一个国家最高科技水平的凝结与代表。这其中同样包括了化学方面的高精尖科学技术。运载火箭能够腾空升起,所依靠的正是化学推进剂。

火箭加注燃料

北斗卫星发射

化学推进剂包含了燃料和氧化剂,燃料为飞船提供燃烧的物质以产生热排气,氧化剂则为燃烧的过程供氧。长征三号运载火箭所使用的化学推进剂,和前几次一样,动力燃料都是偏二甲肼,常规氧化剂为四氧化二氮。这种燃料的优点是便于储运,常温下可以长期储存。火箭发射时只要将这两种液体在发动机燃烧室混合即可,不需单独进行点火。

(1)偏二甲肼

化学名称1,1-二甲基联氨,英文名:unsymmetric dimethyl hydrazine,缩写UDMH,分子式$C_2H_8N_2$,是一种无色易燃液体。偏二甲肼有高比冲值,与氧化剂接触即自动着火。是导弹、卫星、飞船等发射试验和运载火箭的主体燃料。

(2)四氧化二氮

英文名dinitrogen tetroxide,缩写为SYHE,分子式为N_2O_4,沸点21.2℃,液体、气体无色。但随着温度升高,分解出的二氧化氮增多,颜色加深,由褐色到棕红色。强氧化剂,有剧毒,有腐蚀性。凡是涉及燃料操作的工作,必须穿戴好防护服进行操作。

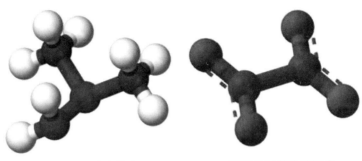

偏二甲肼的结构式　　　　四氧化二氮的结构式

火箭的顶端冒出淡淡的棕黄色烟雾。是由于燃料推进时，需要泄压排出部分四氧化二氮。虽然四氧化二氮是无色的，但它容易分解为红棕色的二氧化氮。二氧化氮再与空气混合，就呈现出了棕黄色的烟雾。当一切准备就绪，运载火箭点火后，偏二甲肼与四氧化二氮发生反应：

$$(CH_3)_2NNH_2+2N_2O_4 =\!=\!= 2CO_2+4H_2O+3N_2$$

反应所产生的能量形成巨大推动力，将火箭推向高空。于是便有了"神箭冲天起，九霄会天宫"的壮观画面。

发射北斗三号的火箭是长征三号乙运载火箭，而该火箭的一级二级还有助推器用的都是 $N_2O_4+(CH_3)_2NNH_2$ 作为燃料，该燃料在燃烧时所产生的烟雾和尾焰就是红色的。发射过程中液态的 N_2O_4 蒸发，燃料箱泄压排出多余的气体，气体分解成棕红色的 NO_2。因此，在点火的瞬间火箭尾部喷射着红色火焰，同时伴随着滚滚红色烟雾。

参考资料

[1] 我国北斗三号全球卫星导航系统星座部署提前半年全面完成. http：//www.beidou.gov.cn/yw/xwzx/202006/t20200623_20685.html，2020-06-23.

[2] 王新德. 化学推进剂及相关重要原材料发展回顾与展望. 化学推进剂与高分子材料，2010，008

（003）：1-7.

[3] 何鸣，王淑君，郭欣羽. 化学推进剂大流量加注的研究与应用. 中国化学会第八届全国化学推进剂学术会议论文集. 2017.

3.2 可再生能源——太阳能

能源是人类赖以生存和发展的重要物质基础。我国能源资源存储总量丰富，拥有较为丰富的化石能源资源。在化石能源资源中，我国煤炭资源占主导地位。随着社会发展的需要，煤炭开采量不断加大，剩余探明可采储量约占世界的13%，而且这个数据呈现逐年下降的趋势，已探明的石油、天然气资源储量相对不足。

根据热力学第一定律，能源既不可能凭空产生也不可能凭空消失。节约是中华民族的美德，应付诸能源使用上，如平时节约用水、节约用电，从小事做起、从我做起。石化资源总有枯竭的一天，充分利用太阳能是一条重要途径。

人类对太阳能的利用有着悠久的历史。我国早在两千多年前的战国时期就知道利用钢制四面镜聚焦太阳光来点火；利用太阳能来干燥农副产品。发展到现代，太阳能的利用已日益广泛，它包括太阳能的光热利用，太阳能的光电利用和太阳能的光化学利用等。

（1）发展太阳能光电池

一种典型的太阳能电池是单晶硅太阳能电池。1954年最先出现的这种太阳能电池，能把接收到的太阳能的6%转换成电能，接近蒸汽机的效率。目前的转换效率已达18%。单晶硅太阳能电池的性能稳定，转换效率高，体积小，重量轻。可是单晶硅太阳能电池制作成本高，价格昂贵，很难普及。1975年以后，无定型半导体材料发展起来，美国制成了一种硅-氟-氢无定形合金半导体，用这种材料做成太阳能电池，既有单晶硅电池工作性能稳定、转换效率高的优点，又有无定形硅成本低的长处。它们转换效率最高可以达到25%。因它发出的电价格便宜，和火力发电价格不相上下，为太阳能电池的广泛应用展示了光明的前景。

单晶硅和多晶硅太阳能电池

（2）建立太阳能聚光器

利用几千块平面镜能把太阳光反射到巨大的聚焦镜上，再将光聚焦到太阳灶的工作区域，利用焦点处产生的高温来发电和作其他用途。我国西藏拉萨市有"日光城"之称，根据这个原理，在许多宾馆、机关单位屋顶上都有这种小型"太阳灶"。一个小型"太阳灶"能基本保证家庭或宾馆的供热需求。这种方法在日光充足的地方可推广应用。

小型"太阳灶"

（3）发展收集太阳能的储能材料

科学家们发现，某些化学物质受日光的照射后能吸收光能而暂时改变化合物本身化学结构，在一定条件下，它又能放出热量而回复到原来的结构。这种储能材料的发现比在屋顶安装集热器，用加热水的方法采暖先进多了。只是目前储能材料的储能指标还不高，所以还不能大规模推广应用。

薄膜型太阳能电池

太阳能是一种取之不尽、用之不竭的巨大能源。从理论上讲，太阳能完全可以代替目前所使用的能源，如煤、石油、天然气和核能。从而达到节约资源和保护环境的目的。

参考资料

[1] 张俊礼，沈炯，李益国，等. 可再生能源渗透率的热力学定义及其分析. 太阳能学报，2019（2）.

[2] 林红，李鑫，刘忆翯，等. 太阳能电池发展的新概念和新方向. 稀有金属材料与工程，2009，38（0z2）：000722-725.

[3] 付黎. 太阳能聚光器. 太阳能，1989（04）：14-16.

[4] 丁理想. 太阳能光热发电的储能材料探析. 砖瓦世界，2019（014）：111.

3.3 缓冲溶液在药物研究中的应用

酸碱缓冲溶液是指能够抵抗外来少量酸、碱和水的稀释作用而保持本身pH值基本不变的溶液。缓冲溶液在生产实践、分析化验、实验室操作中都有广泛的应用。生物体正常生理环境的维持需要适当的酸碱度范围,药物在生物体系内发挥药效也需要合理范围的酸碱度环境,因此与生物体息息相关的医学与药学领域的许多方面都有缓冲溶液的存在。随着科学技术的不断发展,缓冲溶液在医药领域的应用越来越广泛,发挥着不可替代的作用。

医学检验是辅助临床医学的一门重要科学。缓冲溶液可以增强检测试剂的稳定性,从而提高医学检测的准确度。卡马西平被公认是治疗儿童癫痫的一线用药。监测卡马西平的血药浓度可以保证临床用药安全。使用含小牛γ蛋白的磷酸盐缓冲溶液稀释卡马西平待测血样,采用荧光偏振免疫法(TDX)对卡马西平的血药浓度进行测定,测试结果有效可信。磷酸盐缓冲溶液通常由钠、钾的磷酸二氢盐和磷酸一氢盐按照一定浓度比配制而成,溶液中的平衡体系以

$$H_2PO_4^- + H_2O \rightleftharpoons HPO_4^{2-} + H_3O^+$$

体系为主,其有效缓冲pH值范围一般为6.2~8.2。小牛γ球蛋白的直接接触环境为牛的血浆,牛的血液pH值多在7.3~7.5。磷酸盐缓冲溶液缓冲能力强,可抵抗空气中的CO_2等气体对实验的干扰,使实验过程中小牛γ蛋白试液的pH值基本不变。同时,磷酸盐缓冲溶液提供中性或近中性环境,使小牛γ球蛋白保持最佳的生理活性,有利于小牛γ球蛋白与药物充分结合,提高了检测的准确度。

药物的稳定性不仅与其自身的性质有关,在很大程度上还受到许多外界因素的干扰,如光线、温度、湿度、二氧化碳、氧气、微生物、环境酸碱度等。

缓冲溶液能够为药物提供相对稳定的酸碱度环境，增强药物的稳定性，延长药物的保存时间。黄芩苷目前已被加工成多种剂型的药物，有抗氧化反应、抗变态反应、抑菌和抗炎等药理作用。在黄芩苷的液体药剂中，黄芩苷易氧化水解，pH 值下降快，使黄芩苷有效成分沉淀析出。若 pH 值过高，会使黄芩苷发生水解并析出沉淀。有实验表明，用磷酸盐缓冲溶液调节黄芩苷液体药剂的 pH 值，可使黄芩苷液体药剂更稳定，保存时间更长。黄芩苷在液体药剂中的溶解度受液体药剂的 pH 值影响较大，在 pH 为 2.0~6.8 的磷酸盐缓冲溶液中，黄芩苷的溶解度随溶剂 pH 值升高而不断增大。为尽可能增强黄芩苷液体药剂的稳定性、增加黄芩苷在液体药剂中的溶解度，一般将黄芩苷液体药剂的 pH 值调至 6.8 左右。由于磷酸盐缓冲溶液的有效 pH 值范围一般为 6.2~6.8。因此磷酸盐缓冲溶液可为黄芩苷提供稳定的酸碱环境，防止黄芩苷液体药剂 pH 值改变，防止有效成分沉淀析出，增强黄芩苷液体药剂的稳定性。

实际上，还有更多的缓冲溶液在该领域中被应用并发挥着相当重要的作用。相信随着科学技术的不断发展，越来越多的缓冲溶液会被开发应用到医药领域中。相关专业人员应了解必要的有关缓冲溶液的知识，才能正确地根据需要选择或配制适当的缓冲溶液进行使用。

参考资料

[1] 贺嘉铭，邹淑君. 缓冲溶液在医药领域的应用研究. 黑龙江科学，2020.

3.4 水电站与干电池

"巫山神女弄阴晴,截断江流意不平,怒激狂涛撞斗碎,璇机散落海西明",这首诗所描述的就是三峡。三峡水电站是目前世界上规模最大的水电站和清洁能源基地。三峡工程主要有三大效益,即防洪、发电和航运,经济效益主要靠发电来实现。

水电站

三峡发电原理是利用河川、湖泊等位于高处具有位能的水流至低处,将其中所含之位能转换成水轮机之动能,就是利用流水量及落差来转动水涡轮。再借水轮机为原动机,推动发电机产生电能。

干电池属于化学电源中的原电池,是一种一次性电池,干电池以糊状电解液来产生直流电(湿电池则使用液态电解液)。干电池轻便易携带,可以用在很多电器用品上,在日常生活之中普遍使用。干电池以碳棒为正极,以锌筒为负极,把化学能转变为电能供给外电路。在化学反应中由于锌比锰活泼,锌失去电子被氧化,锰得到电子被还原。普通干电池大多都是锌锰电池,分为酸性和碱性锌锰电池。

(1)酸性锌锰干电池

以锌筒作为负极,并经汞齐化处理,使表面性质更为均匀,以减少锌的腐蚀,提高电池的储藏性能。正极材料是由二氧化锰粉、氯化铵及炭黑组成的一个混合糊状物。正极材料中间插入一根炭棒,作为引出电流的导体。在正极和负极之间有一层增强的隔离纸,该纸浸透了含有氯化铵和氯化锌的电解质溶液,金属锌的上部被密封。

总的电池反应为:

$$2MnO_2+Zn+2NH_4Cl \longrightarrow 2MnO(OH)+Zn(NH_3)_2Cl_2$$

(2)碱性锌锰电池

简称碱锰电池,当用 KOH 电解质溶液代替 NH_4Cl 做电解质时,无论是电解质还是结构上都有较大变化,电池的比能量和放电电流都能得到显著的提高。

总的电池反应为:

$$Zn+MnO_2+2H_2O+4OH^- \longrightarrow Mn(OH)_4^{2-}+Zn(OH)_4$$

参考资料

[1] 刘家均. 浅谈水力发电的原理及优势. 建筑工程技术与设计,2017,000(010):3517-3517.
[2] 张伟,周桂林. 水电站发电机变压器保护原理及继电保护方式. 科学与财富,2018,000(009):79.
[3] 沈慕昭,胡志彬. 酸性锌锰电池反应的进一步探讨. 化学教育,1985,6(6):16-18.
[4] 夏熙,高瑞芝. 碱性锌锰电池的技术进步及发展潜力. 电池,1998,028(006):243-250.

3.5 电极电势在金属腐蚀与防护中的应用

金属材料因其优异的性能得到广泛的应用，而随之带来的腐蚀问题也引起了人们的普遍关注。金属腐蚀是指金属和环境介质之间发生物理溶解、化学（电化学）反应，导致金属的一部分或整体受到破坏或变质的现象。从热力学角度上，金属发生腐蚀是一个自发的过程，因此腐蚀现象是非常普遍的。金属腐蚀在生活中也是随处可见，最常见的，厨房用具的腐蚀；最普遍的，金属建筑的腐蚀；最难办的，家用电器的腐蚀等等。金属被腐蚀后，在外形、色泽以及机械性能方面都将发生变化，造成设备破坏、管道泄漏、产品污染，酿成燃烧或爆炸等恶性事故以及资源和能源的严重浪费，使人民财产受到巨大的损失。

金属腐蚀是一个全球普遍存在的问题，全球每年因为钢铁腐蚀而报废的设备占当年世界钢铁总产量的 30%。世界各国因金属腐蚀而造成的经济损失远超过其他各种自然灾害引起的经济损失的总和，据世界腐蚀组织估计，全世界每年因腐蚀造成的经济损失达 2.2 万亿美元，超过世界 GDP 的 3%，并呈逐年上升趋势。中国工程院调查结果表明，2008 年我国因腐蚀造成的经济损失就高达 1.2 万～2 万亿元人民币。可见，金属腐蚀与防护的研究不仅是一个重大的科学问题，而且具有重要的社会和经济意义。

金属腐蚀的分类

按照机理，金属腐蚀可分为三类：金属高温气体腐蚀、化学腐蚀和电化学腐蚀。其中电化学腐蚀是指金属与电解质溶液接触发生电化学反应引起的腐蚀，实质是在与电解质溶液接触的金属表面上形成了腐蚀原电池。电化学腐蚀的特点是金属表面的原子失去电子，发生氧化反应；腐蚀介质中的去极化剂得到电子，发生还原反应；腐蚀过程伴有电流产生，以钢铁的腐蚀为例。电化学腐蚀的影响因素有很多,包括电解质溶液(浓度差、温度差、氧浓度差)、环境因素(温度、压力、流速等)、金属的特性及其内部应力的差异、金属表面状态和腐蚀产物的性质等。例如,金属在海水中的腐蚀,在潮湿空气中的腐蚀,在地下土壤中的腐蚀以及在酸、碱、盐溶液中的腐蚀均属于电化学腐蚀。相比化学腐蚀,电化学腐蚀更广泛、更普遍。

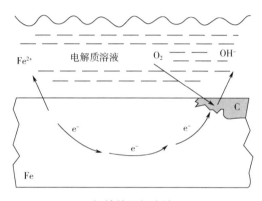

钢铁的吸氧腐蚀

金属腐蚀防护方法

研究金属腐蚀原理和规律的主要目的就是阻止或抑制腐蚀。根据金属腐蚀原理可知,控制腐蚀的主要途径是避免阴极与阳极形成电流回路。常用的腐蚀防护方法主要有改变金属本质、缓蚀剂法、电化学保护法以及涂层法。

(1)改变金属本质

改变金属本质即根据不同的用途选择不同的材料组成耐蚀合金,或在金属中添加合金元素,提高其耐蚀性,达到阻止或减缓金属腐蚀的目的。比如,2017年5月5日成功首飞的国产大飞机C919大型客机,大范围地采用了轻质耐蚀性能优异的铝锂合金新型材料。

(2)缓蚀剂法

缓蚀剂是一种常用的防腐蚀手段。在腐蚀介质中添加少量缓蚀剂就能够明显降低腐蚀速率,从而起到阻止或减缓金属腐蚀的效果。缓蚀剂的作用机理是改变容易发生腐蚀的金属表面状态或者起到负催化剂的作用，使得阴极（或阳极）反应的活化能垒增加。缓蚀剂具有使用方便、工艺简单以及经济有效等优点，现已被广泛用于化学清洗、工序间防锈、金属制品储运、冷却水处理和石油开采等工程中。

（3）电化学保护法

电化学保护是金属腐蚀防护的重要方法之一，腐蚀防护的原理是依靠外部电流改变金属电位，从而减缓或抑制金属腐蚀的一种保护技术。电化学保护可分为阳极保护法和阴极保护法。

阴极保护法是最常用的电化学保护方法，作用机理是金属作为阴极，通过阴极极化使电位变负从而达到阻止金属腐蚀的目的。阴极保护的实现方法有牺牲阳极法和外加电流法。牺牲阳极保护法是把比被保护金属电极电位更负的材料做阳极，与被保护金属（作阴极）形成腐蚀电池，使得被保护金属发生极化而得到保护。

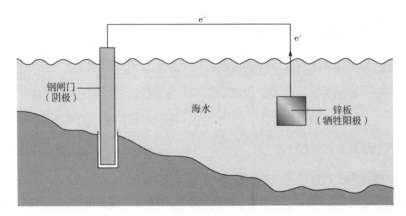

牺牲阳极法

外加电流法是利用外加直流电源，使被保护的金属作为阴极，与辅助阳极构成电流回路，被保护金属发生极化达到防腐的目的。阴极保护法适用于能导电、易发生阴极极化且结构不太复杂的体系，被广泛用于石油管道、大型设备

（贮油罐）、船舶和港湾码头设施等金属设备及构件的防护，比如珠海港高栏港区神华煤炭储运一期工程钢管桩防腐蚀采用了电化学保护法——牺牲阳极法。

珠海港高栏港区

阳极保护是利用外加直流电源，将被保护金属作为阳极，与辅助阴极构成电流回路，使被保护金属发生极化处于钝化状态而得到保护。该法只适用于具有活化-钝化转变的金属，并且腐蚀介质须为氧化性介质。而在含有吸附性卤离子的介质中，该法是一种危险的防护手段，容易引起点蚀。阳极保护的应用是有限的，目前主要用于有机磺酸中和罐、各类酸液存贮槽及贮罐等设备的保护。

（4）涂层法

涂层法是应用最为广泛、经济、有效的一种防腐蚀手段。涂层法是通过在金属表面涂覆保护层，将被保护金属与腐蚀介质隔开，从而达到防腐蚀的目的。涂层分为两大类：金属涂层和非金属涂层。金属涂层是将一种金属镀在被保护金属制品表面形成保护镀层，通过电镀、化学镀、真空镀、热浸镀和热喷镀等方法实现。例如，热镀铝主要用于钢铁零件的抗高温氧化。非金属涂层包括衬里和涂料，衬里主要有玻璃钢、橡胶、砖板衬里等物质，防腐蚀涂料主要有环氧涂料、玻璃鳞片涂料、富锌涂料、丙烯酸涂料、聚氨酯涂料等。

上海铁路南站

上海铁路南站大型钢结构工程的防腐蚀技术便是采用这种方法，涂装设计方案为钢结构表面喷射处理/水性硅酸锂富锌底涂料一道/环氧封闭涂料一道/环氧云铁中间涂料一道/可覆涂性聚氨酯丙烯酸面涂料两道。2008年5月1日通车的横跨中国杭州湾海域的跨海大桥，采用的防腐蚀方案便也是涂层法。根据部位（如钢箱梁、钢锚箱、风嘴、桥面等）不同采取相应的防腐蚀涂装配套方案，使用的涂料包括无机富锌底漆、环氧树脂漆、氟碳树脂面漆、氯化橡胶漆、聚氨酯面漆等。

当然，实际防护工作往往需要几种方法结合使用以期达到更好的防腐蚀效果。比如在涂层中加入一定量缓蚀剂、颜料等用以减缓腐蚀，涂层与电化学保护联合使用以应对复杂腐蚀环境。始建于1958年的我国第一条油气长输管道——克拉玛依至独山子输油管道，采用石油沥青防腐蚀涂层与阴极保护联合防护措施运行良好，取得了较好的社会效益和经济效益。

参考资料

[1] 韩德才, 付成建. 浅析防金属腐蚀与防护对策. 中国科技博览, 2012 (23): 384-384.
[2] 张文谦, 蔡邦宏. 金属腐蚀与防护的理论和方法. 内江科技, 2011, 32 (3): 109-109.

3.6 高效环保芳烃成套技术开发及应用

芳烃，通常是指分子中含有苯环结构的碳氢化合物，是有机化工的重要基础原料，广泛用于树脂、纤维和橡胶三大合成材料以及医药、国防、农药、建材、增塑剂、染料等领域，对发展国民经济、改善人民生活起着重要的作用，并形成众多的产业链，带动其他产业的发展。对二甲苯（para-xylene，PX）是用量最大的芳烃品种之一，其生产是一个非常复杂的系统工程，其系统集成度高、开发难度大。最初只有美国 UOP 和法国 Axens 两家公司拥有全套 PX 生产工艺技术的专利。中国石化是世界上最大的 PX 供应商，早期一直未能拥有芳烃成套技术，在国际市场竞争中总是受制于人。

应用芳烃技术每年由对二甲苯生产的化学纤维可替代约 2.3 亿亩土地产出的棉花。应用芳烃技术节省出的棉田就可以种粮食，为有效解决棉与粮争地的矛盾，守住 18 亿亩耕地红线作出重要贡献。发展芳烃项目是经济发展和人民生活的需要，事关国计民生。20 世纪 70 年代，以对二甲苯为原料生产的"的确良"和"涤卡"，给人民的生活带来了光鲜和靓丽。如今，约 65%的纺织原料、80%的饮料包装瓶都来源于对二甲苯。近年来，我国对二甲苯消费量平均年增长率高达 20%。2014 年我国消费对二甲苯约 2000 万吨。

1972~2008 年，中国石化与中科院及有关高校开展合作研究，为芳烃技术发展奠定了基础。2003 年以来，为实现重点跨越、创新引领的目标，科技部、中国石化通过 973 项目、"十条龙"重大科技攻关等形式持续支持。2009 年中国石化专门成立了芳烃成套技术攻关组，发挥体制优势，集科研、设计、建设、生产等单位 2000 多名技术人员联合攻关。经过 40 余年孜孜以求、不懈努力，中国石化成功开发出具有完整自主知识产权的高效环保芳烃成套技术，显著提高产品分离和芳烃资源利用效率,大幅节能降耗、减少固废排放,实现五大创新。成为世界上第三个掌握该技术的国家。

一是首创原料精制绿色新工艺。以化学反应替代物理吸附,实现了原理创新,精制剂寿命延长 40~60 倍,固废排放减少 98%。

二是首创芳烃高效转化与分离新型分子筛材料。重芳烃转化能力提高 70%~80%,资源利用率提高 5%,吸附分离效率提高 10%。

三是集成创新控制方法实现智能控制。实现短时间大流量变化的快速调控,吸附塔压力波动幅度显著降低,确保了装置长周期安全与高效精准运行。

四是首创芳烃联合装置能量深度集成新工艺。装置运行实现由"需要外部供电"到"向外部输送电"的历史性突破,单位产品综合能耗降低 28%。

五是创新设计方法与制造工艺实现了关键装备"中国创造"。创新设计并建造了世界规模最大的单炉膛芳烃加热炉和多溢流板式芳烃精馏塔,率先开发了新型结构的吸附塔格栅专利设备,流体混合与分配均匀性显著提高。

海南炼化 60 万吨芳烃装置

该芳烃成套技术是石油化工技术的"里程碑",项目在工艺、工程装备、控制方法与系统、吸附与催化材料等方面取得多项重大创新与突破，处于国际领先水平，具有重要推广应用价值，取得了显著社会效益。

一是能耗物耗显著降低，实现高效环保。与国内同期开工装置相比，中国石化高效环保芳烃成套技术单位产品能耗低 28%，环保监测指标全面优于最新国家标准，具有明显竞争优势。

二是带动化工与流程制造业发展。通过技术创新，项目 95%的设备自主设计与建造。此外，还可带动吸附剂、催化剂、化工装备等制造业发展。创造新增就业，社会效益显著，践行了中国创造。积极推动技术出口，带动化工与流程制造业发展，具有重要意义。

三是保障纺织原料供应、产业链完整及经济结构安全。我国是纺织大国，发展芳烃项目对于解决粮棉争地矛盾、保障纺织原料供应、产业链完整及经济结构安全至关重要。仅海南炼化 60 万吨对二甲苯装置生产的纤维，就相当于海南全省有效耕地产出的棉花。

参考资料

[1] 戴厚良. 芳烃技术. 北京：中国石化出版社，2014.
[2] 刘永芳. 中国石化高效环保芳烃成套技术的开发及其应用. 石油化工设计，2016，33（1），1-6.

3.7 "以毒攻毒"的砒霜

三氧化二砷，分子式为 As_2O_3，是最具商业价值的砷化合物。它也是最古老的毒物之一，无臭无味，为白色霜状粉末，故称砒霜。在《开宝本草》中被首次记载，属砒石经升华而得的精制品，从古至今药用已有千年。不纯的砒霜往往为带有红色或红黄色的块状结晶或颗粒，其中含有少量的硫化砷，俗称红砷或红矾，也称信石，鹤顶红（实际上与丹顶鹤的丹顶没有关系）。

丹顶鹤

砒石

砒霜被我国列入严格管理的36种毒性中药名单中，其毒性是由于砷对体内酶蛋白的巯基具有特殊的亲和力，可与许多含巯基的酶结合，使其失去活性而影响细胞的正常代谢，导致细胞死亡。长期吸收少量砒霜，可以造成轻度的内缺氧，降低基础代谢，促进蛋白质合成，脂肪组织增厚，皮肤营养改善，加速骨骼生长，活跃骨髓造血功能，促使红细胞和血色素新生。此作用原理并非为增加机体代谢引起，而是少量的砷抑制氧化引起同化的增强。此外，砒霜还被视为致癌物质。

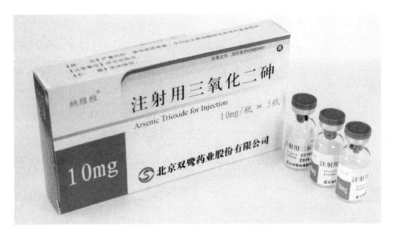

药用三氧化二砷

古有"以毒攻毒"的治疗方法，三氧化二砷最早应用于肺结核临床治疗中，应用历史悠久。现代研究表明，三氧化二砷对于多种恶性肿瘤细胞具有生长抑制功效，被广泛应用于肿瘤疾病临床治疗中。临床主要应用于急性早幼粒细胞白血病、原发性肝癌、哮喘、乳腺癌、肺癌、多发性骨髓瘤、系统性红斑狼疮、鼻咽癌和类风湿关节炎的治疗。

参考资料

[1] 张新威. 毒品和毒物检验. 北京：中国人民公安大学出版社，2001．671-672．
[2] 杨子东，孙响波，于妮娜，等. 砒霜的临床应用述要. 山东中医杂志，2014，33（8）：707-709.
[3] 张维民，杨希才. 三氧化二砷抗肿瘤临床运用进展. 山东中医杂志，2014，26（2）：195-196.

4 安全环保

4.1 汽车尾气治理

汽车作为人类的代步工具，在人类生活中占据着重要作用。随着人们生活水平的提高，汽车数量迅速增加，对生态环境平衡及人类身体健康都造成了一定损害。

汽车尾气中含有许多对人体有害的物质，如固体悬浮颗粒、一氧化碳、氮氧化物、碳氢化合物、铅等。

固体悬浮颗粒：固体悬浮颗粒的成分很复杂，并具有较强的吸附能力，可以吸附各种金属粉尘、强致癌物苯并芘和病原微生物等。固体悬浮颗粒随呼吸进入人体肺部，以碰撞、扩散、沉积等方式滞留在呼吸道的不同部位，引起呼吸系统疾病。当悬浮颗粒积累到临界浓度时，便可能会激发形成恶性肿瘤。此外，悬浮颗粒物还能直接接触皮肤和眼睛，阻塞皮肤的毛囊和汗腺，引起皮肤炎和结膜炎，甚至还可能造成角膜损伤。

一氧化碳：一氧化碳与血液中的血红蛋白结合的速度比氧气快 250 倍。一氧化碳经呼吸道进入血液循环，与血红蛋白结合后生成碳氧血红蛋白，从而削弱血液向各组织输送氧的功能，危害中枢神经系统，造成人的感觉、反应、理解、记忆力等机能障碍，重者危害血液循环系统，导致生命危险。所以，即使微量吸入一氧化碳，也可能给人造成可怕的缺氧性伤害。

氮氧化物：氮氧化物主要是指一氧化氮、二氧化氮，它们都是对人体有害的气体，特别是对呼吸系统有危害。在二氧化氮浓度为 9.4 毫克/立方米的空气中暴露 10 分钟，即可造成人的呼吸系统功能失调。

碳氢化合物：目前还不清楚它对人体健康的直接危害。但当氮氧化物和碳氢化合物在太阳紫外线的作用下，会产生一种具有刺激性的浅蓝色烟雾，其中包含有臭氧、醛类、硝酸酯类等多种复杂化合物。这种光化学烟雾对人体最突出的危害是刺激眼睛和上呼吸道黏膜,引起眼睛红肿和喉炎。

铅:铅是有毒的重金属元素,汽车用油大多数掺有防爆剂四乙基铅或甲基铅,燃烧后生成的铅及其化合物均为有毒物质。城市大气中的铅60%以上来自汽车含铅汽油的燃烧。人体中铅含量超标可引发心血管系统疾病,并影响肝、肾等重要器官的功能及神经系统。由于铅尘比重大,通常积聚在离地面1米左右高度的空气中,因此对儿童的威胁最大。

化学方法治理汽车尾气

采用氧化铬-氧化镍-氧化铜等金属氧化物和铂等贵金属。它们都可以净化CO、NO_x。将其中的有害物质转变为无害物质。其反应方程式为:

$$2NO_x \longrightarrow xO_2 + N_2 \qquad 2CO + O_2 \longrightarrow 2CO_2$$

$$(2x+y/2)O_2 + 2C_xH_y \longrightarrow yH_2O + 2xCO_2$$

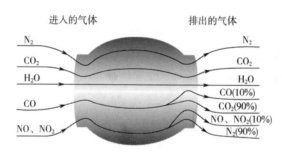

催化式排气净化器工作原理

汽车尾气污染问题形势已经极为严峻,所以解决该问题刻不容缓。防治和减少汽车污染是一个复杂的技术问题和广泛的社会问题。它需要从燃油效率、燃油品质、尾气净化术、代用燃料、道路交通、政府政策和法规等诸多方面综合考虑。因此,对于汽车环保问题,应引起社会各界的重视,也需要社会各界的共同努力。

参考资料

[1] 韦文升. 浅析机动车尾气检测方法及污染防治措施. 汽车世界，2020（12）：0020-0020.

[2] 交通运输部关于全面加强生态环境保护坚决打好污染防治攻坚战的实施意见. http://www.gov.cn/gongbao/content/2018/content_5346699. 交规划发〔2018〕81号.

4.2 奶制品污染事件与三聚氰胺

2008年9月，中国爆发三鹿婴幼儿奶粉受污染事件，导致食用了受污染奶粉的婴幼儿产生肾结石病症，其原因是奶粉中含有三聚氰胺。三聚氰胺是一种低毒性化工产品，婴幼儿大量摄入会引起泌尿系统疾患。当时患泌尿系统结石的婴幼儿主要是由于食用了含有大量三聚氰胺的三鹿牌婴幼儿配方奶粉引起的。头大，嘴小，浮肿，低烧。鲜花般娇嫩的幼小生命，刚来到世间几个月就枯萎、凋谢，罪魁祸首竟是本应为他们提供充足"养料"的奶粉。

三聚氰胺（melamine）是一种有机含氮杂环化合物，分子式为 $C_3H_6N_6$，学名1，3，5-三嗪-2，4，6-三胺，或称为2，4，6-三氨基-1，3，5-三嗪，简称三胺、蜜胺、氰尿酰胺，是一种重要的化工原料，主要用途是与醛缩合，生成三聚氰胺-甲醛树脂，生产塑料，这种塑料有良好的绝缘性能和机械强度，是木材、涂料、造纸、纺织、皮革、电器等不可缺少的原料。三聚氰胺从未允许加入食品中，更不用说是要求最严格的婴幼儿食品。

三聚氰胺进入人体后，发生取代反应（水解），生成三聚氰酸，三聚氰酸和三聚氰胺形成大的网状结构，造成结石，婴幼儿大量摄入会引起泌尿系统疾病，严重的可以导致死亡。

三聚氰胺分子结构式

三聚氰胺的水解反应：

$$C_3N_3(NH_2)_3 + 3H_2O \longrightarrow C_3N_3(OH)_3 + 3NH_3 \uparrow$$

不法商家为什么要在牛奶中加入三聚氰胺呢？三聚氰胺俗称蛋白精，加到牛奶里可以提高牛奶的含氮量。当时简单快速测定牛奶中蛋白质含量采用普通的全氮测定法，是通过测定牛奶的含氮量推算蛋白质含量。三聚氰胺最大的特点是含氮量很高（66%），添加在食品中，检测时食品中含氮量升高，计算出食品的蛋白质含量升高。加之其生产工艺简单、成本很低，给了掺假、造假者极大的利益诱惑，有人估算在植物蛋白粉和饲料中使蛋白质增加一个百分点，用三聚氰胺的花费只有真实蛋白原料的 1/5。三聚氰胺作为一种白色结晶粉末，没有什么气味和味道，掺杂后不易被发现，也成了掺假、造假者心存侥幸的原因之一。

三聚氰胺事件对中国奶粉行业可谓滑铁卢之战，自此消费者对国产奶粉信心大减，整个中国奶粉行业进入寒冬。三鹿集团也因为这一事件成为了历史。从 1956 年只有 32 头奶牛和 170 只奶羊的幸福乳业合作社，发展到品牌价值近 150 亿元的大型企业集团，三鹿用了整整 50 年时间。然而，从一个年销售收入数亿元的企业走向破产，三鹿却只用了不到一年时间。

参考资料

[1] 安徽阜阳"毒奶粉"事件. http://www.people.com.cn/GB/shehui/8217/33048/index.html，2005-01-07.

[2] 三聚氰胺事件后中国乳业困局：洋品牌占半壁江山. http://news.sohu.com/20130619/n379192792.sthml，2013-06-19.

4.3 "毒鸡蛋"事件的罪魁祸首：氟虫腈

氟虫腈（fipronil），5-氨基-1-（2,6二氯-4-三氟甲苯基）-4-三氟甲基-亚磺酰基吡唑-3-腈，是首个用于有害生物防治的苯吡唑类化合物。从1987年被发现以来，已被广泛用在农业和兽医等多个领域，成为一个重要的杀虫剂品种。氟虫腈主要通过阻断由 γ-氨基丁酸受体控制的神经膜 Cl^- 通道诱导 Cl^- 流，引起神经系统极度兴奋而导致虫体死亡，达到对多种经济害虫的防控目的。主要用于防治蔬菜、水稻、烟草、棉花等的作物害虫，畜牧业、公共卫生、贮存用品及地面建筑中各类别害虫。作为一类比较创新且性能好的灭虫农药，氟虫腈曾在全国范围内乃至国际上被大量使用。

氟虫腈

尽管氟虫腈可用于各类别的作物害虫及卫生害虫防治，但氟虫腈经氧化还原或光降解后形成4种有毒代谢物，其中有2种代谢产物的毒性高出母体原药，且在生物体脂肪内有富集作用，被定为C类致癌物质。人若大剂量食用可致肝功能、肾功能和甲状腺功能损伤，它被世卫组织列为"对人类有中度毒性"的化学品。

我国已于2009年10月1日起禁用。目前，中国、美国、日本、澳大利亚等国已对食品中氟虫腈残留进行监控。

"毒鸡蛋"事件2017年6月初首先在比利时发现,该国食品安全局最先发现从荷兰进口的鸡蛋中含有氟虫腈,荷兰随后启动调查。氟虫腈的污染源头直指荷兰一家名为"鸡之友"的农场杀虫服务公司,其客户不仅包括荷兰180家农场,也涉及法国、英国、德国和波兰的农场。

"毒鸡蛋"风波的复杂性还在于,荷兰是欧洲禽类产品主要出口国,有许多国家进口荷兰鸡蛋,还有许多国家的农场使用"鸡之友"杀虫服务,而该公司可能从2016年6月起使用的抗虱杀虫剂中就含有氟虫腈。"毒鸡蛋"事件导致荷兰、比利时、德国等国下架数以百万计受杀虫剂氟虫腈污染鸡蛋。

被氟虫腈污染的鸡蛋

氟虫腈怎么会在鸡蛋里残留呢?荷兰在调查中发现,该国147家农场的鸡蛋含有氟虫腈,在其所使用的农场消毒液中发现含有氟虫腈。据推测,可能是由于鸡场农户使用了混有氟虫腈的消毒液,在消毒过程中污染了鸡的饮用水或饲料,进而引起鸡蛋中氟虫腈残留超标。

参考资料

[1] 张芳芳,洪雅青,张幸. 氟虫腈的毒理学研究进展. 职业与健康, 2008(20): 2211-2213.
[2] "毒鸡蛋"折腾欧洲 比利时"知情不报"?. http://www.xinhuanet.com/world/2017-08/07/c_129673696.htm, 2017-08-07.

4.4 臭氧层——地球生命的保护伞

臭氧和氧气是氧元素的同素异形体，呈淡蓝色，因有一种鱼腥臭味，因而得名"臭氧"。在地球的大气层中，臭氧（O_3）的含量极少，仅占空气的几百万分之一，由太阳飞出的带电粒子进入地球大气层，使氧分子裂变成氧原子，而部分氧原子与氧分子重新结合成臭氧分子。距地面15～50千米高度的大气平流层，集中了地球上约90%的臭氧，形成臭氧层。

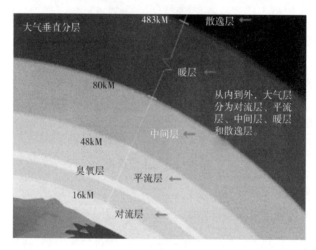

平流层中的臭氧

臭氧层的破坏和臭氧空洞的出现，是人们在生产和生活中大量地生产和使用"消耗臭氧层物质（ODS）"以及向空气中排放大量的废气造成的。

ODS主要包括下列物质：CFCs（氯氟烃）、哈龙（Halon，全溴氟烃）、四氯化碳、甲基氯仿、溴甲烷等。

废气：主要是汽车尾气、超音速飞机排出的废气、工业废气等。

（1）废气破坏臭氧层

废气中含有大量的氮氧化物（如 NO 和 NO2 等），这些氮氧化物可以破坏大量臭氧分子，从而造成臭氧层的破坏。NO 对臭氧层破坏作用的机理为：

$$O_3+NO \longrightarrow O_2+NO_2$$

$$O+NO_2 \longrightarrow O_2+NO$$

（2）CFCs 和哈龙对臭氧层的破坏

美国科学家莫里纳（Molina）和罗兰德（Rowland）提出：人工合成的一些含氯和含溴物质是造成臭氧层破坏的元凶，最典型的是氯氟烃类化合物（CFCs）和含溴化合物哈龙（Halons）。强烈的太阳紫外线照射使 CFCs 和 Halons 分子发生解离，释放出高活性的氯和溴自由基。氯原子自由基和溴原子自由基就是破坏臭氧层的主要物质，它们对臭氧破坏的化学机理如下：

$$R-Cl \longrightarrow R\cdot + Cl\cdot$$

$$Cl\cdot + O_3 \longrightarrow ClO\cdot + O_2$$

$$ClO\cdot + O_3 \longrightarrow Cl\cdot + 2O_2$$

臭氧层是地球的一道天然屏障，使地球上的生命免遭强烈的紫外线伤害。假如没有臭氧层挡住紫外辐射，陆地上将荒芜一片，现在任何形式的生命在陆地上都难以存在。

参考资料

[1] 为什么烟雾也会"杀人"？. http://www.xinhuanet.com/science/2017-03/24/c_136142925，2017-03-24.

[2] 周秀骥, 罗超, 李维亮. 等. 中国地区臭氧总量变化与青藏高原低值中心. 科学通报, 1995, 40（015）: 1396.

4.5 反应停事件

人类发明的化学药物，既给人类带来了极大的益处，但也给人类造成了意想不到的伤害，对化学药物的盲目依赖和滥服药物，已造成了许多不应有的悲剧。其中最典型的案例之一，就是反应停事件。以"孕妇的理想选择"为广告语的反应停，自 1957 年上市后，短短几年时间里导致上万名短肢畸形儿的出生，其危害之严重，受害者之多，前所未有，震惊世界。

海豹肢畸形儿

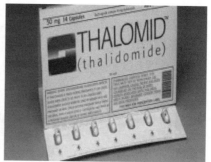

酞胺哌啶酮（沙利度胺）

反应停英文名叫"Thalidomide"，化学名为酞胺哌啶酮（α-(N-phthalimido) glutarimide），国内有时翻译成沙利度胺。1953 年瑞士诺华制药的前身 Ciba 药厂首先合成了沙利度胺，他们本来打算开发一种新型抗菌药物，但是药理试验显示，沙利度胺没有任何抑菌活性，Ciba 便放弃了对它的进一步研究。在 Ciba 放弃沙利度胺的同时，联邦德国药厂 Chemie Grünenthal 开始投入人力物力研究沙利度胺对中枢神经系统的作用，并且发现该化合物是一种具有中枢神经镇静作用的药物，能够显著抑制孕妇的妊娠反应（如呕吐和失眠），不像有强大中枢镇静作用的苯巴比妥（barbiturates）那样让人成瘾，在动物实验中未发现毒性，故不会用于自杀。1957年10月，反应停正式投放市场，在此后的不到一年内，反应停风靡欧洲、非洲、澳大利亚和拉丁美洲，作为一种"没有任何副作用的抗妊娠反应药物"，成为"孕妇的理想选择"。

反应停对人与动物的一般毒性极低，如服用14克并不致人死亡。但其可选择性地作用于胚胎，对胚胎的毒性明显大于母体，其对胎儿的致畸作用可高达50%~80%，如在妊娠第3~8周服用，其后代畸形发生率可高达100%，对人胚胎的致畸剂量为1mg/kg。致畸性可导致海豹肢，也可导致胎儿眼睛、耳朵、心脏、生殖器、肾脏和消化道的畸形。反应停还有弱致癌性，可能的不良反应还包括外周神经炎、麻痹、感觉异常、意识混乱、低血压等。

科学研究表明反应停分子结构中含有一个手性中心，从而形成两种光学异构体，其中构型 R-（+）的结构有中枢镇静和抑制作用，另一种构型 S-（-）的对映体则有强烈的胎儿致畸性。虽然反应停的致畸性主要来自于其 S-（-）异构体，但是在体内会自动生成消旋体，因而分离手性化合物虽然在一定程度上能够缓解其致畸作用，但是并无本质改善。

沙利度胺分子结构

反应停事件，作为一个异乎寻常的特例，使人们认识到药物不良反应的危害性，以及政府对药物进入市场前的严格审核的必要性。该事件对全球建立完善和严格的药品审批和不良反应检测制度起到了至关重要的推动作用。

参考资料

[1] 苏怀德. 从反应停事件中吸取教训. 中国药学杂志, 1989, 24（10）: 636-636.
[2] 章伟光, 张仕林, 郭栋, 等. 关注手性药物: 从"反应停事件"说起. 大学化学, 2019, 34（9）.

4.6 黎巴嫩大爆炸事件

2020年8月4日下午6时左右,一起爆炸事故震惊世界!黎巴嫩首都贝鲁特港口区发生巨大爆炸,爆炸接连发生两次。爆炸波及240公里,起先是一股浓烟向天上弥漫,随后浓烟当中出现零星的爆炸火光,大约5秒后,巨大的火龙冲天而起,夹杂着小型爆炸的冲击波在一秒内席卷了视线内可见的建筑物。外围的白色烟尘率先向外扩散,火红色的蘑菇云紧随其后。

黎巴嫩爆炸现场

火红色的蘑菇云

据美国地质调查局收集的数据显示,爆炸产生的地震波相当于3.3级,实际造成的危害更是大于3.3级。附近居民形容爆炸事故"就像一颗原子弹"。爆炸时空中腾起巨大的蘑菇云,强大的冲击力将港口大部分地区夷为平地。许多建筑物遭到破坏,房屋玻璃被震碎、一些公寓阳台被震垮、附近高速公路上的汽车被掀翻在地。此次爆炸造成至少190人死亡、6500多人受伤,3人失踪,导致黎巴嫩多达30万人无家可归,直接经济损失超30亿美元。不仅如此,黎巴嫩公共电力公司总部在爆炸中被完全摧毁,电网控制中心彻底失灵。爆炸还炸开了存储着小麦等粮食的粮仓,导致该国仅剩不足一个月的粮食储备。

除了对民生、经济的影响，这些爆炸产生的有毒有害气体也对当地的环境造成了极其恶劣的影响。因爆炸而产生的红色烟雾属于氮氧化物空气污染物。该污染物对人体的呼吸系统有害，会引起头痛、中毒等症状，还会形成酸雨，对周边的生态环境产生影响。

2020年8月17日，黎巴嫩司法部门宣布了贝鲁特爆炸案的初步调查结果，爆炸事件的原因是由于贝鲁特港口12号仓库的管理存在严重疏忽，仓库内除了发生爆炸的2750吨硝酸铵，还存放了大量的烟花和爆竹。2014年，一艘轮船在开往非洲时，因船只出现问题，这些硝酸铵便卸在了贝鲁特海港12区。黎巴嫩国际广播集团援引一份安全报告显示，事发时"工作人员在焊接存有炸药的库房门的过程中，焊接火花引燃了仓库中的炸药，然后导致在另一库房中存放的硝酸铵爆炸。"

硝酸铵是一种无色无臭的透明结晶，易溶于水，易吸湿结块，溶解时吸收大量热，受猛烈撞击或受热爆炸性分解。硝酸铵（NH_4NO_3）在农业中主要用作高氮肥料，尤其是用于旱地作物中的水果、瓜菜、烟草等。二战时期，硝酸铵成为了制炸药的必备材料。硝酸铵在常温下是稳定的，对打击、碰撞或摩擦均不敏感，但在高温、高压、电火花及还原剂存在条件下会发生爆炸。

硝酸铵储存注意事项：储存于阴凉、通风的库房，远离火种、热源，应与易（可）燃物、还原剂、酸类、活性金属粉末分开存放，切忌混储。储区应备有合适的材料收容泄漏物。禁止震动、撞击和摩擦。

化学品的生产、物流、应用，既为我们的物质生活带来巨大便利，又带来重大风险和隐患。我们既要严格遵守国家关于危险化学品生产、物流、应用的规定，也要普及科学知识，提高全体人员对于化学品的科学认知，防患于未然，这才是安全的根本。

参考资料

[1] 黎巴嫩首都港口区发生爆炸. http://www.xinhuanet.com/world/2001tfsj1/index.htm.
[2] 化工部化工设计公司. 氮肥工艺设计手册：硝酸 硝酸铵. 北京：化学工业出版社，1983.

4.7 烟雾的元凶——臭氧

早在 1785 年，德国物理学家冯·马鲁姆用大功率电机进行实验时发现，当空气流过一串火花时，会产生一种特殊气味，但并未深究。此后，舒贝因于 1840 年也发现在电解和电火花放电实验过程中有一种独特气味，并断定它是由一种新气体产生的，舒贝因将该气体命名为 ozone（臭氧），分子式为 O_3，从而宣告了臭氧的发现。自此以后，欧洲的科学家率先开始研究臭氧的特性和功用，发现其广谱的灭菌效果后，开始应用于工业生产，其中瑞典一家牛肉公司用臭氧对牛肉存储的保鲜，自 1870 年开始一直沿用至今。

科学家在不懈地对臭氧投入研究，现在对臭氧的特性及应用已非常明确。在自然界中，臭氧是广泛存在的，只是不同条件下浓度差别很大。现在人们普遍了解的大气臭氧层，是阻挡太阳紫外线的天然屏障，它是由太阳光的一种特定波长的光照射空气后产生的。

与氧气相比，臭氧相对密度大、有味、有淡蓝色、易溶于水、易分解。由于臭氧（O_3）是由氧分子携带一个氧原子组成，决定了它只是一种暂存形态，臭氧参与氧化反应后，产物为氧气（O_2），进入稳定状态。所以臭氧工作中没有二次污染产生，符合人类的环保需求，这是臭氧技术应用的最大优越性。

大气层中的臭氧分为两部分，即平流层臭氧和近地面臭氧。平流层臭氧位于离地面较高的大气层中，大气中 90%的臭氧是以这种形式存在的。它可有效吸收太阳紫外辐射，是对地球表面生活的人类和动植物有益的保护屏障。

近地面臭氧大部分是由人类排放的氮氧化物（机动车、发电厂、燃煤锅炉和水泥炉窑等排放）和挥发性有机物（机动车、石化工业等排放和有机溶剂挥发）在高温、强光照条件下发生光化学反应而形成的，是光化学烟雾的主要成分。世界有名的公害事件——洛杉矶光化学烟雾事件元凶之一就是臭氧！1952年洛杉矶汽车排放的尾气引起光化学烟雾，使400人死亡，植物大面积受害。臭氧污染带有明显的季节性特点，夏天高发。

洛杉矶光化学烟雾期间

参考资料

[1] 为什么烟雾也会"杀人"？. http://www.xinhuanet.com/science/2017-03/24/c_136142925, 2017-03-24.

[2] 周秀骥，罗超，李维亮. 等. 中国地区臭氧总量变化与青藏高原低值中心. 科学通报, 1995, 40（015）: 1396.

4.8 "碳中和"——温度？态度！

2019~2020年，澳大利亚发生了持续4个月的丛林大火，高温天气和干旱是这次林火肆虐的主要原因。这场由全球变暖引起的灾难，向大气排放了数亿吨二氧化碳，又进一步加快了全球变暖的趋势。

航拍下的山火和眼睁睁看着家园被毁的澳大利亚人

2020年12月12日，国家主席习近平在气候雄心峰会上重申中国"将努力争取2060年前实现碳中和"的承诺，显示了中国实现"碳中和"的信心和决心。2015年达成的《巴黎协定》给世界划了两道"限定线"——到本世纪末，把全球平均气温较工业化前水平上升的幅度控制在低于2℃，最好不超过1.5℃。世界气象组织报告显示，目前全球平均气温较工业化前已上升了1.1℃。近5年来，升温陡然加速，近5年也成为了有记录以来最热的5年，然而这个记录很可能就要被刷新。印尼的洪灾，美国的暴雪，饿死的企鹅，翻垃圾桶的北极熊，都与此有关。数据显示，如果人类再不行动，世界正在朝着本世纪末升温3.2℃的趋势发展——比2℃的限定线高出了1.2℃。面对气候变化问题，我们必须采取更加有力的政策和措施。

面对严峻的形势,中国提出了进一步的承诺:到2030年,中国单位国内生产总值二氧化碳排放将比2005年下降65%以上,非化石能源占一次能源消费比重将达到25%左右,森林蓄积量将比2005年增加60亿立方米,风电、太阳能发电总装机容量将达到12亿千瓦以上。在加入《巴黎协定》后,中国就将"主动控制碳排放,落实减排承诺写入了"十三五"规划。《中共中央关于制定国民经济和社会发展第十四个五年规划和二〇三五年远景目标的建议》中,我们也可以找到"制定二〇三〇年前碳排放达峰行动方案"的描述。把对世界的承诺,写入自己的发展规划中。中国,以一贯的规划意识和行动力说到做到。

提出更大的目标,面对更重的责任,中国的信心来自哪里?

国内的多个新能源技术研发中心,同国内外知名企业、多所高等院校合作,将陆上风电建设成本控制在7000~8000元/千瓦,光伏建设成本控制在4000~5000元/千瓦。该数值分别较10年前下降了20%和50%。今后还要依托科技创新、基地型规模化和多能互补发展,进一步降低风电、光伏的系统成本,让新能源在深度低碳转型中更加富有竞争力。而在新增装机方面也定下了目标——到"十四五"末,低碳清洁能源装机占比超过50%。这样一个个的"小目标",组成了中国的"大目标"。而每一个目标,都是中国的承诺。每一个目标的完成,都在全球气候治理中,贡献了一份中国力量。

参考资料

[1] 中国社会科学院数量经济与技术经济研究所"能源转型与能源安全研究"课题组. 中国能源转型：走向碳中和. 北京：社会科学文献出版社，2021.

[2] 习近平主席在气候雄心峰会上的讲话. http://news.cnr.cn/native/gd/20201212/t20201212_525361087.shtml.